高档数控机床与基础制造装备自主化率评价与提升路径研究

主　编　邱　城

副主编　吴进军　刘前军　黄韶娟　周　源

参　编（按姓氏笔画排名，排名不分先后）

王伟琳　文　武　方　杰　孔德婧　冯姣姣

朱宇宏　朱宗环　伍思远　刘　云　刘宇飞

刘怀兰　刘　盛　许冠南　李晶莹　张　威

陈治旺　陈晓辉　赵　蔷　袁志勇　聂军刚

焦　炬　路　璐　樊璐璐

机械工业出版社

本书基于航空航天、汽车、发电设备和船舶四大领域的大型企业集团、相关行业协会及海关等多方数据开展了以市场占有率、品种满足度为主的高档数控机床与基础制造装备自主化率研究与评估；运用文献及专利计量分析、技术预见、情景分析等方法梳理机床装备产业发展核心技术体系，识别筛选出中高档机床装备主要技术缺口；根据可量化自主化率客观评价和制造强国导向的机床装备重点应用领域需求，提出了面向2035年的产业技术发展路线图；结合现有产业共性技术供给现状，提出了高端机床装备产业技术支撑体系及提升路径，为我国高档数控机床与基础制造装备行业新时期高质量发展提供决策支撑。

本书适合制造业从业者、行业专家、企业管理者阅读。

图书在版编目（CIP）数据

高档数控机床与基础制造装备自主化率评价与提升路径研究/邱城主编. —北京：机械工业出版社，2020.6
ISBN 978-7-111-65659-3

Ⅰ.①高… Ⅱ.①邱… Ⅲ.①数控机床-产业发展-研究-中国②机械制造-工艺装备-产业发展-研究-中国 Ⅳ.①F426.4

中国版本图书馆 CIP 数据核字（2020）第 087780 号

机械工业出版社（北京市百万庄大街22号 邮政编码100037）
策划编辑：周国萍 责任编辑：周国萍 刘本明
责任校对：潘 蕊 封面设计：严娅萍
责任印制：常天培
北京虎彩文化传播有限公司印刷
2020年8月第1版第1次印刷
169mm×239mm·8.75印张·158千字
标准书号：ISBN 978-7-111-65659-3
定价：79.00元

电话服务　　　　　　　　　　网络服务
客服电话：010-88361066　　机 工 官 网：www.cmpbook.com
　　　　　010-88379833　　机 工 官 博：weibo.com/cmp1952
　　　　　010-68326294　　金 书 网：www.golden-book.com
封底无防伪标均为盗版　机工教育服务网：www.cmpedu.com

专家咨询委员会

前　言

作为工业母机，高档数控机床与基础制造装备是制造机器的机器，处于先进制造产业链的最顶端，主要包括减材制造（数控金属切削机床及关键部件）、等材制造（铸造、锻压、焊接、热处理及表面处理、复合材料铺放等基础制造装备）以及增材制造（3D打印）装备，在先进制造与装备开发中日益发挥着重要作用。

近年来，新一轮科技革命正在引发制造业深刻变革，我国高档数控机床与基础制造装备行业发展面临着重大机遇与挑战。航空航天、汽车、船舶、发电设备等重点领域不断孵化出新需求，高速、精密、复合、智能和绿色成为产业发展战略高地，新一代信息技术与制造业深度融合，传统的批量化生产正加速向定制化生产和网络协同制造转变。与此同时，美国等发达国家相继实施"再工业化"战略，国际机床装备巨头通过整合、联盟等方式进一步巩固领先地位，并对我国进行市场压制和技术封锁，我国高档数控机床与基础制造装备发展不充分、不平衡，工业母机、高端芯片、基础软硬件、开发平台、基本算法、基础元器件、基础材料等瓶颈仍然突出的问题亟待解决。

习近平总书记多次指出："关键核心技术是国之重器。""必须把重要领域的科技创新摆在更加突出的地位，实施一批关系国家全局和长远的重大科技项目。""已经部署的项目和新部署的项目要形成梯次接续的系统布局。"高档机床装备是制造强国战略必争之地，机床装备作为工业母机是大国重器的重要组成和关键支撑，直接影响制造强国建设进程。"高档数控机床与基础制造装备"科技重大专项实施以来，各方面通力协作、攻坚克难，取得了一系列重大装备成果和关键技术突破，但总体上我国机床装备产业仍处于跟跑阶段。如何切实摸清产业自主化现状，总结经验教训，践行创新驱动发展战略，切实掌握自主核心技术，实现全面突破禁运和技术封锁，从"跟跑"到"并跑"和"领跑"，将是我国机床装备产业未来发展的重中之重。

高档数控机床与基础制造装备作为国民经济和国防建设的基础保障，是制造强国战略的实施基础，也是国外重点防范的领域。第一，高档数控机床与基础制造装备是大国重器的双重代表，事关制造业高质量发展及国家经济、国防建设安全。第二，抢占高档数控机床与基础制造装备技术制高点，才能在全球制造业重大变革中打破封锁、掌握战略主动。民用航空、深空探测、新一代信息电子等产业加速迈向高端，不断提出更高性能及原创性装备需求，前沿技术需要突破。与此同时，西方国家对我国技术封锁、产品禁运愈演愈烈，国际上前有"巴统协议"，后有"瓦森纳协定"，最近几年禁运案例已由每年 6~7 例增长至 15 例以上。第三，国防军工领域在役进口装备存在极大的安全风险，极易被外方监测锁定，零部件更换存在障碍，信息漏洞及致瘫等重大使用隐患屡见不鲜。如 2015 年国家国防科技工业局在 15 台进口高档数控机床中发现安全风险及隐患 48 处。加快发展高端数控机床与基础制造装备，对于保障中国制造顺利地向中高价值链升级，避免"卡脖子"现象进一步扩大，在新形势下尤为迫切。

2018 年以来中美贸易摩擦持续加剧，对行业发展产生巨大影响。在美方加收关税的清单中，机床类产品几乎全部被覆盖，这意味着绝大部分我国出口美国的机床一律被加收 25% 的关税，刀具工具类、功能部件、附件、磨料磨具等关键部件也未能幸免。据德国机床制造商协会的调查显示，2017 年中国机床出口份额的 10.7% 销往美国。美国是中国机床的第一出口国，在中国机床出口中占据着举足轻重的地位，可以预料我国机床产品出口将会受到严重影响。GDP高并不等于综合实力强大，"两头在外"的产业体系存在严重缺陷，我国缺少先进自主核心技术。在产业发展中，如果关键核心技术不能取得突破和长足的进展，产业发展必然受制于人。

在此背景下，围绕专项部署的"高档数控机床产业发展技术路线图研究"课题，编制组开展以机床装备市场占有率、品种满足度为主的自主化率研究，分析机床装备核心技术体系，识别中高档机床装备技术缺口，建立数据库，绘制基于制造强国导向的机床装备重点领域产业技术发展路线图，提出机床装备产业支撑体系及提升路径，旨在分析新形势下行业发展现状及存在的主要问题，研究提出未来重点发展方向和掌握自主化核心技术以提升国产装备自主化率的对策建议，为专项面向 2020 年及后续持续实施目标的制定提供决策支撑。

邱　城

目　　录

第一章　高档数控机床与基础制造装备发展现状分析

第一节　发展现状

自 2009 年我国启动"高档数控机床与基础制造装备"科技重大专项以来，各种典型装备实现零的突破，部分技术产品达到国际领先或先进水平，产业整体得到较快发展。2018 年，我国机床工具行业规模以上企业主营业务收入 7151 亿元，基础制造（含增材制造）装备等主营业务收入约 3000 亿元，行业总体规模约 1 万亿元，支撑了超过 26 万亿元的制造业 GDP，在国民经济发展中起到"四两拨千斤"的重要作用。

作为世界第一大数控机床与基础制造装备生产国和消费国，中国总体情况可用"两个第一、三个三分之一"概括，即：产量世界第一、消费总额世界第一；产值约占全球三分之一、消费总额约占全球三分之一、进口机床约占国内市场总规模的三分之一。其中，金属加工机床国内市场占有率约为 60%，基础制造装备国内市场占有率超过 70%。2018 年我国机床工具行业进口总额 165.4 亿美元，主要为高端机床产品；出口总额 136.1 亿美元，主要集中在中低端产品。进出口机床产品的品种，体现了中外的实际差异。

一、产业规模持续壮大

机床产业主营业务收入持续稳定地增长。2017 年我国机床产业累计实现主营业务收入 11435 亿元，实现利润 663.19 亿元。其中，金属加工机床（按国际可比口径，包括金属切削机床和金属成形机床）主营业务收入分别为 1685.77 亿元、882.05 亿元，实现利润 72.01 亿元、58.79 亿元。近年来机床产业主营业务收入情况如图 1-1 所示。

1. 铸造装备

以国内整体销售额来看，高真空智能精密压铸岛、高紧实度高效黏土砂造

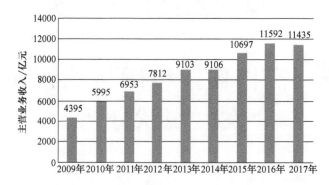

图 1-1　2009—2017 年我国机床产业主营业务收入情况

型生产线、智能化 3D 打印砂型造型设备、低压/差压铸造设备、废砂再生处理设备等重点铸造装备，2009 年分别为 5 万元、700 万元、10 万元、1000 万元、100 万元，2016 年分别为 30 万元、1000 万元、200 万元、2000 万元、200 万元。

2. 锻压装备

以企业典型产品销售数据来看，济南二机床集团有限公司的冲压生产线及压力机大型高效数控全自动冲压生产线、江苏亚威机床股份有限公司的数控冲压机、重庆江东机械有限责任公司的压力机、泰安华鲁锻压机床有限公司的大型高档数控成形机床等重点锻压装备，2009 年分别为 146 台套、1500 台套、86 台套、69 台套，2017 年分别达到 168 台套、3400 台套、138 台套、131 台套。

3. 焊接装备

以国内市场占有率来看，电弧焊机、电阻焊机、特种焊接设备、专机自动化、焊接中心自动化、辅机具及配套件等重点焊接装备，2009 年分别为 56%、55%、50%、45%、48%、60%，2016 年分别为 72%、68%、60%、62%、68%、75%。

4. 热处理装备

以国内销售数据来看，真空加热淬火设备、真空加热回火设备、碳氮共渗热处理设备、连续式热处理设备、（在线式数字化、多轴化、多工位的）感应热处理生产线等重点热处理装备，2009 年分别为 150 台套、50 台套、200 台套、200 台套、100 台套，2016 年分别为 250 台套、100 台套、400 台套、500 台套、200 台套。

大部分装备类型市场占有率均有大幅度的提高，产业规模不断扩大。

二、创新能力稳步提升

近十年来通过"高档数控机床与基础制造装备"科技重大专项（以下称

"04 专项")的实施，以五轴机床、精密卧式加工中心、高档数控系统等为标志的典型高端产品填补了国内空白，显著提升了航空航天领域工作母机自主可控水平；汽车覆盖件冲压装备占据全球市场 30% 以上份额，实现了对美、日、法等多国的批量出口；8 万吨级模锻压机已成为飞机结构件批量制造平台，达到国际领先水平；增材制造装备优势初现，科研应用水平国际先进。但在"三超三极限"（超高速、超精密、超常规，极大、极小、极端环境）装备、"三化三复合"（智能化、绿色化、轻量化，制造工艺与装备复合、结构设计与制造一体化复合、多工艺工序复合）装备等方面仍与国际先进水平差距明显。

我国中高档数控系统及核心功能部件取得长足进步。截至 2017 年，高档数控系统累计销售 1500 余台套，国内市场占有率从 2009 年近乎空白提高至 7%，并在国防军工领域实现示范应用；中档数控系统发展迅速，国内市场占有率提高至 45% 以上；滚珠丝杠副、导轨副、动力刀架等功能部件在中高档数控机床市场占有率提高至 20%，使进口产品降价 20% ~ 50%。但伺服驱动及电动机、关键功能部件性能稳定性及高档数控系统核心算法等关键技术成熟度有待提高。

1. 数控机床领域

（1）产品技术水平大幅度提升　在国家科技重大专项和相关技改计划的支持下，我国机床工业取得长足进步，对用户需求的保障能力明显提高。通用机床和中低端产品已能满足市场需求，可供市场的数控机床几乎覆盖了金属切削机床和锻压机床的品种类别。中高档机床成效显著，一批市场急需、长期依靠进口、受制于国外的高档数控机床相继问世，如高速精密加工中心、数控车床和车削中心、大型数控齿轮机床批量生产产品，以及数控双柱移动立式铣车床、数控桥式龙门五轴联动车铣复合机床、超重型数控卧式镗车床、超重型数控落地铣镗床、精密卧式加工中心等标志性产品，不仅为航空航天、船舶、汽车、发电设备制造等重点用户向高端发展提供了装备保障，也促进了机床产业的技术进步，带动了机床产业结构调整与升级。

（2）产品结构调整步伐加快　国产数控机床产值在国内市场比重不断提高，并具有一定规模的出口。2015 年国产数控机床产值占机床总产值的比例（产值数控化率）较 2009 年提高了 24%（见图 1-2）。

（3）构建了国家、行业、企业三个层次的技术创新体系　截至 2015 年 12 月，在机床产业已建设国家重点实验室和工程实验室 13 家、国家工程（技术）研究中心 16 家、国家认定的企业技术中心 21 家。与此同时，中国机械工业联合会也组织建立了一批行业重点（工程）实验室和工程（技术）研究中心，各地方也结合产业发展建立了一批重点（工程）实验室和工程（技术）研究中心。

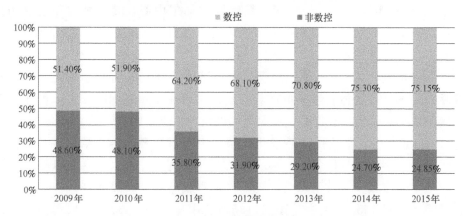

图 1-2　2009—2015 年国产机床产值数控化率增长情况
（数据来源：中国机床工具工业协会）

2. 基础制造装备领域

（1）产学研用联合突破重大关键技术　在 04 专项支持下，产业链关联单位组建长期战略合作伙伴关系，深化企业与高校、科研院所的合作，突破了一批基础制造装备关键技术并取得重要进展。突破了大型铸件成分优化、材料冶炼、成形控制等关键技术，实现了 600 吨级超大型钢锭、50 吨级不锈钢铸件的铸造应用，为 8 万吨级压机等专项主机建造提供支撑；突破了大型铸、锻、焊部件的材料精确控制技术及材料组织缺陷控制技术，提高了大型铸锻件的质量和成品率；轻合金冷/热冲压、充液、挤压、铸造、冷温锻等成形工艺取得突破，在航空航天、汽车领域获得应用；突破了大型关键件模锻工艺技术，解决了大型模锻工艺基础共性技术和关键技术问题，实现了大型钛合金、铝合金锻件的整体成形；围绕汽车车身制造，开展了铝合金材料冷/热冲压、充液、挤压、铸造四种成形工艺的研究；在锻造组织性能预测技术方面取得突破，为 8 万吨级模锻压机等提供基础制造工艺，为核电低压转子等大锻件制造提供支撑。

（2）主机产品取得突破，部分达到国际领先水平　04 专项部署了 26 种基础制造主机（见表 1-1），完成的 8 万吨级模锻压力机、3.6 万吨级黑色金属垂直挤压机等 21 种主机达到或接近国际先进水平，部分达到国际领先水平。

表 1-1　26 种基础制造主机任务部署和完成情况

序号	主机名称	完成情况
1	大型快速高效数控全自动冲压生产线	完成
2	大型数控单双动薄板冲压液压机	完成
3	粉末冶金液压机	进行中
4	高速精密数控冲床	完成

（续）

序号	主机名称	完成情况
5	大型数控强力旋压机	完成
6	大型多工位压力机	完成
7	大公称力行程冷锻成形压力机	完成
8	大型伺服压力机	完成
9	10000kN 精冲自动压力机	完成
10	8 万吨级模锻压机	完成
11	3.6 万吨级黑色金属垂直挤压机	完成
12	2 万吨级难变形合金卧式挤压机	进行中
13	热等静压设备	完成
14	3500 吨精密卧式压铸成套设备	完成
15	铸件砂型近净成形成套装备	完成
16	大型电渣熔铸设备	完成
17	细晶、单晶高温合金真空熔炼浇铸设备	完成
18	大型关键构件的摩擦焊设备	完成
19	焊接自动化成套设备	完成
20	大功率激光焊接设备	完成
21	真空电子束焊接设备	完成
22	自动化装配和试验成套设备及电磁铆接设备	进行中
23	开合式大型热处理设备	完成
24	真空高温低压渗碳设备	完成
25	变截面无缝钢管连续感应热处理成套设备	完成
26	高效涂装关键设备	部分完成

（3）创新体系初步形成 在行业研究机构、重点企业、重点高校设立了大型精密复合冲压成形机床创新能力平台、重型锻压装备与工艺创新能力平台、精密塑性成形技术与装备创新能力平台、先进焊接技术与装备创新能力平台、金属挤压/模锻设备与工艺创新能力平台、先进成形制造全流程建模与仿真创新平台、轻量化精密清洁铸造创新能力平台等七大类创新能力平台（见表1-2），真空冶金国家工程实验室、大型铸锻件数值模拟国家工程实验室、先进金属材料涂镀国家工程实验室、大型金属构件增材制造国家工程实验室、高分子复杂结构增材制造国家工程实验室等一批国家工程实验室，以及现代焊接生产技术国家重点实验室、金属挤压与锻造装备技术国家重点实验室、先进成形技术与装备国家重点实验室等一批国家重点实验室（见表1-3）。

表 1-2 七大类创新能力平台

序号	创新平台名称	主要研究方向和内容
1	大型精密复合冲压成形机床创新能力平台	开发以快速冲压生产线、大型多工位压力机、伺服传动压力机为代表的大型精密复合冲压成形机床产业所需的关键功能部件技术;重点研究冲压自动化所需的冲压成形装备分析与仿真技术及冲压成形工程系统先进功能部件的工作、控制原理;重点研究高端冲压成形机床必需的伺服数字技术为核心的先进控制技术,开发具有自主知识产权的先进控制系统软件
2	重型锻压装备与工艺创新能力平台	构建重型锻压装备与工艺技术创新研发、技术转移、试验验证和人才培养平台;建成重型锻压装备与工艺研发必要的软硬件环境;强化大型锻件工艺技术试验和验证条件;开展重型锻压设备和工艺的应用基础技术、共性技术和关键技术的研发,促进重型自由锻液压机、重型模锻液压机、重型挤压液压机、重型冲压机械压力机、重型热模锻机械压力机、重型强力旋压机、重型环件碾压成形机七大类重型锻压装备技术和大型锻件工艺技术的发展
3	精密塑性成形技术与装备创新能力平台	强化试验和验证条件建设,建立精密成形领域数字化设计、先进成形工艺、成形装备等技术方向 8~10 个实验室,研发软硬件条件进入先进行列;研发一批关键技术和共性技术,促进技术成果转移,为行业进步提供技术支撑;通过组织架构、管理模式、运行机制等创新建设,形成本领域产学研用技术创新体系。创新平台建设成为本领域研发创新基地、重要实验基地、技术转移基地、人才培养基地和交流合作基地,成为重大专项重点目标和任务重要支撑
4	先进焊接技术与装备创新能力平台	建立超大厚件焊接工艺与装备及配套材料、高能束焊接工艺与装备、新型摩擦焊工艺与装备和新型高效优质弧焊等 4 个技术研发中心,重型部件的焊接工艺与装备和轻金属焊接技术与装备等 2 个工程试验验证与示范应用基地,1 个基于计算机网络管理的技术转移与技术成果共享中心
5	金属挤压/模锻设备与工艺创新能力平台	主要开展金属挤压设备与工艺、模锻压机设备与工艺、电液锤设备与工艺以及钢管加厚设备与工艺研究;建立 5MN 正反向金属挤压生产线、25MN 双动反向挤压生产线、40MN 双动锆挤压生产线、3 吨全液压电液锤、800MN 和 200MN 模锻压机工艺试验平台、精细化智能控制系统和挤压/模锻设备液压试验阀台及伺服控制系统等设备,在此基础上,进行金属挤压/模锻先进工艺研究,提高金属挤压/模锻设备与工艺创新能力
6	先进成形制造全流程建模与仿真创新平台	建设铸造、焊接、锻造和热处理全流程建模与仿真软件开发以及物理模拟、测试及验证软硬件环境和服务平台,包括成形制造全过程数理建模及算法研究、成形制造过程工艺-组织-性能模拟仿真软件开发、成形制造过程全流程模拟软件系统开发及应用、成形制造过程物理模拟及测试验证平台、软硬件环境及虚拟现实平台以及网络化服务平台等
7	轻量化精密清洁铸造创新能力平台	主要研究轻合金铸造工艺技术、特种铸造工艺技术、铸造工艺模拟仿真技术、绿色快速铸造技术和机床大型结构件铸造精度保持性技术

表 1-3　基础制造装备领域国家级创新平台构成

技术领域	国家重点实验室	国家工程研究中心	国家工程技术研究中心	承担单位
热加工	精密热加工国家重点实验室	精密成形国家工程研究中心	国家金属材料近净成形工程技术研究中心	哈尔滨工业大学 北京机电研究所有限公司 华南理工大学
	先进成形技术与装备国家重点实验室	轻合金精密成型国家工程研究中心	—	机械科学研究总院集团有限公司 上海交通大学
	材料成形与模具技术国家重点实验室	连铸技术国家工程研究中心	—	华中科技大学 中冶连铸技术国家工程研究中心有限责任公司
	金属材料挤压与锻造装备技术国家重点实验室	—	—	国机集团西安重型机械研究所有限公司
	大型铸锻件数值模拟国家工程实验室	—	—	中国第二重型机械集团公司
焊接	现代焊接生产技术国家重点实验室	高效焊接新技术国家工程研究中心	—	哈尔滨工业大学 哈尔滨焊接研究院有限公司
功能部件	—	—	橡塑模具计算机辅助工程国家工程研究中心	郑州大学
数字制造装备与技术	数字制造装备与技术国家重点实验室	制造装备数字化国家工程研究中心	—	华中科技大学 华工制造装备数字化国家工程中心有限公司

（续）

技术领域	国家重点实验室	国家工程研究中心	国家工程技术研究中心	承担单位
共性技术	机械制造系统工程国家重点实验室	制造业自动化国家工程研究中心	国家工业控制机及系统工程技术研究中心	上海交通大学 北京机械工业自动化研究所有限公司 中国空间技术研究院第502研究所
	机械系统与振动国家重点实验室	工业自动化国家工程研究中心	—	西安交通大学 北京机械工业自动化研究所有限公司
	工业控制技术国家重点实验室	工业过程自动化国家工程研究中心	—	浙江大学 上海工业自动化仪表研究院有限公司
快速制造	—	快速制造国家工程研究中心	—	西安瑞特快速制造工程研究有限公司
表面工程	金属腐蚀与防护国家重点实验室	—	国家金属腐蚀控制工程技术研究中心	中国科学院金属研究所
	—	—	国家绿色镀膜技术与装备工程技术研究中心	兰州交通大学 兰州大成自动化工程有限公司
测量	精密测试技术与仪器国家重点实验室	—	—	清华大学 天津大学

三、支撑保障能力明显增强

1. 航空领域

围绕航空典型零部件制造需求进行了布局，研制了龙门及卧式五轴加工中心等关键装备，并在重点型号的整体壁板、"眼镜框"等大型结构件加工中得到了应用验证。8 万吨级模锻压机和万吨级铝板拉伸机的成功研制，标志着我国航空构件制造步入世界先进行列。形成基于"S 形试件"的五轴联动机床加工复杂型面关键精度检测方法、具有自主知识产权的基于特征的快速数控编程技术及系统软件等亮点。

2. 航天领域

针对载人航天、高分、高超和重大装备等重大专项的迫切需求，研制了焊接、高温铸造和自动化装配等装备。国内首台、世界最大的 150MN 充液拉深装备完成四角拼焊板充液拉深成形，并制备出合格的 3800mm 直径火箭整体箱底。搅拌摩擦焊接装备已全面应用于运载火箭主体结构制造，并完全替代进口。形成"运载火箭大型特种制造装备""航天结构件高档数控加工示范应用"等亮点。

3. 汽车制造领域

针对汽车整车、汽车发动机等关键零部件制造需求，研发了冲压、焊接、涂装等成套设备，高速精密加工中心、车铣复合加工中心等产品。济南二机床集团有限公司研发的汽车覆盖件自动化冲压生产线实现重大突破，打破德日企业的行业垄断，国内市场占有率达 70% 以上，并出口美国、日本、法国汽车企业 12 条生产线。形成"汽车冲压成套装备""电控共轨柴油喷射系统""变截面椭圆活塞的生产线""曲轴切点跟踪磨床"等亮点。

4. 发电设备领域

针对百万千瓦等级核电汽轮机等具有代表性的极限制造需求，研制了大型数控龙门铣车复合加工中心、超重型数控卧式镗车床、大型热处理炉、大型黑色金属垂直挤压机、大型汽轮机叶片加工机床等一批关键设备，解决了大型铸锻件、大型叶片加工等难题，形成"超大工件的制造装备"等亮点。

5. 船舶制造领域

针对大型舰船船体、船用柴油机等制造需求，研制了分段平面、曲面分段流水线焊接、卷板成形等装备，以及大型组合式曲轴车铣复合机床，解决了我国制造大船的瓶颈，满足了船用柴油机中曲轴加工的需求，形成"船舶关键零件的制造装备"等亮点。

四、涌现出一批龙头企业

近年来行业涌现出济南二机床集团有限公司、大连光洋科技集团有限公司、秦川机床工具集团股份公司、北京精雕集团、上海拓璞数控科技股份有限公司、大族激光科技产业集团股份有限公司等一批致力于创新发展的"专、特、精、新"企业，在特色专用机床装备方面具有一定竞争力。但也有一些大型机床企业集团，由于缺乏核心技术以及缺少脚踏实地的企业家精神等多种原因，在内外部环境变动下，陷入了严重亏损或破产。

第二节 存在的主要问题

一、低端产品产能过剩，高端产品供给能力不足

虽然我国机床产值和产量连续十几年位居世界第一，但由于机床品种少、产品结构调整步伐缓慢、一些企业非理性投资冲动和盲目建设致使生产成本刚性上升、与用户工艺发展结合不紧密、国际市场需求增长趋缓等诸多因素，导致机床产业重复建设现象严重，低端产能严重过剩，高档产品商品化和产业化水平低下，国民经济重点领域发展所需的中高档数控机床仍大量依赖进口。例如，2015 年我国机床总产量为 106 万台（其中金属切削机床近 76 万台，成形机床 30 万台），数控机床为 26 万台（其中数控金属切削机床 23.5 万台，数控成形机床 2.5 万台）。按产量计，机床数控化率为 24.6%，金属切削机床数控化率为 31.1%，成形机床数控化率仅为 8.2%。换言之，3/4 的机床仍为普通机床（见表 1-4）。

表 1-4 2009—2015 年我国金属加工机床产量（单位：万台）

年份	金属切削机床产量	数控金属切削机床		成形机床产量	数控成形机床		金属加工机床产量	数控机床总计	
		产量	占比（%）		产量	占比（%）		产量	占比（%）
2009 年	58.55	14.54	24.8	21.89	0.93	4.2	80.44	15.47	19.2
2010 年	69.73	21.43	30.7	23.86	1.22	5.1	95.59	22.65	23.7
2011 年	88.68	24.73	27.9	23.80	1.50	6.3	112.48	26.23	23.3
2012 年	88.20	19.90	22.6	22.40	1.31	5.9	110.60	21.21	19.2
2013 年	72.58	20.92	28.8	23.87	3.08	13.2	95.82	24.00	25.1
2014 年	85.93	26.09	30.4	34.65	4.70	13.6	120.58	30.89	25.6
2015 年	75.55	23.52	31.1	30.35	2.48	8.2	105.90	26.00	24.6

数据来源：国家统计局。其中 2013 年为第三次全国经济普查数据，2015 年为快报数据。

二、产业技术基础薄弱，自主创新能力不强

国产机床质量不稳定、可靠性不高、精度保持性差，机床的平均无故障工作时间（MTBF）、精度保持性等指标与国际先进水平相比仍有一定差距；缺乏对用户产品工艺的深入研究，提供系统解决方案能力不足等问题尚未得到根本改善，重点领域用户关键零件精加工的关键设备和一些个性化要求的复合加工及特种加工等数控机床部分仍依靠进口。在为机床配套的数控系统方面，在高速、高精、五轴加工和智能化功能方面，相对世界先进水平上仍存在明显差距。

我国基础制造装备领域大部分企业自主创新能力不强，仍是技术追赶型，不是技术领先型，未掌握核心技术，未能形成正向设计能力。关键零部件、关键材料主要依赖进口，导致装备的研制攻关基础能力薄弱。2018 年 7 月，工信部对 30 多家大型企业 130 多种关键基础材料调研结果显示，32%的关键材料在我国仍为空白，52%依赖进口。铸造装备领域，仅少数企业具有自主设计制造铸造设备的能力，其余企业主要依靠在国外铸造设备基础上修改关键部件和参数来制造，关键设备、大型成套设备及重要检测装置仍然依靠进口。锻造装备领域，缺乏具有自主知识产权的先进锻造设备，高精高效专用设备少，国产设备故障率高、配件质量差，中小型锻造设备研制严重落后。热处理装备领域，制造企业与热处理生产实践脱节，热处理装备设计人员缺少热处理生产现场经验和热处理工艺知识，实用型热处理工艺技术数据不完善，国产热处理装备缺乏工艺软件配置，影响热处理数字化进程，国产传感器、控制仪表、阀门、真空泵等元器件水平低。

三、关键功能部件发展滞后，产业升级缺乏支撑

这些年来，机床主机行业的集成能力显著提高，但功能部件、刀具、量仪等关键功能部件发展严重滞后，主机"空心化"问题未能根本解决。目前，近80%的高档数控机床、90%的高档数控系统依赖进口，高性能滚珠丝杠、滚动直线导轨、数控刀架、数控转台等关键功能部件70%仍需要进口。

四、标准体系不健全

我国数控机床产业在基础标准、产品标准、工艺标准、管理标准、可靠性标准等方面已经有了基本的标准体系，但仍存在以下问题：

一是部分领域的已有标准体系已远不能适应行业快速发展的步伐。例如，在铸造行业中，随着产业结构调整与转型升级的不断深入，现有铸造标准体系

凸显出其设置配套不完善、覆盖领域有限等缺陷，已远不能适应铸造行业快速发展的步伐及国内外瞬息万变的市场竞争需求，未能体现为新型和中高端产品开发、延伸产业链提供技术支撑的基本效力，由此产生的标准缺失、制订周期长、标龄长、各级标准体系的不完整和不一致等现状，严重制约了铸造产业转型升级和创新发展。在锻造行业中，还没有形成科学的、与主机厂沟通的标准体系。

二是部分领域行业标准不健全。在产品设计开发阶段、产品制造过程阶段以及产品营销推广阶段还没有形成相应的标准体系；高端装备配套关键零部件（元器件）、核心基础材料、先进制造工艺和安全可靠性等基础共性技术标准缺乏，标准整体水平还有待提高，亟需开展重点标准研制任务。增材制造行业，标准缺失导致行业出现畸形扩张、恶性竞争等不良现象。

三是对于标准的一些研究、试验及验证工作不够充分和扎实，影响了标准的实施效果和提升质量的指导性作用。

五、创新平台建设有待加强

一是创新平台布局有待优化。部分领域创新平台建设缺失，尚未建立起有效的国家层面的增材制造产业创新平台；部分领域和地区平台建设滞后，孵化器、实验室等公共服务平台及面向技术研发测试、标准试验验证和创新应用验证的公共测试床、供应链协同专业化服务平台等支撑能力较弱。

二是创新平台体制机制亟待完善。缺乏国家级层面的整体规划协调机制，无法统筹发改、科技、产业等各部门创新平台形成合力，易造成重复铺摊子；部分创新平台的管理体制与运行方式不适应创新平台建设的要求，企业内部条块分割，各部门之间相对封闭，平台利用率低；部分创新平台缺乏前瞻性技术的研究开发，较多停留在眼前产品的改进上，未能很好地与产业结构调整相结合，在产品更新换代、产业技术升级和培育新的经济增长点中，未能发挥创新平台的重要作用。

三是产学研结合有待加强。多数平台参与企业产学研活动仍停留在短期接触与一般的协作关系上，其深度、力度、紧密度还远远不够，单项合作或就某个项目中的个别环节技术攻关进行合作多，完整项目合作少，没有形成长期、稳固的良好关系。

第二章 我国高档数控机床与基础制造装备自主化率评估

第一节 评 估 方 法

依托04专项课题实施进展及各地工业主管部门、大型企业集团、相关行业协会及国家统计局、海关总署、行业年鉴等权威机构基础数据，开展基于品种满足度、市场占有率等数量与价值的多维度评价方法与体系研究。

一、多维度模型构建

图2-1所示为本课题研究构建的多维度自主化率研究模型。X轴体现本研究时间节点，即2009—2016年。Y轴体现多维度包括的主要内容，即市场占有率和品种满足度。Z轴体现高档数控机床与基础制造装备重点用户行业——航空航天、汽车、发电设备、船舶行业。该模型从品牌认可度、持续服务能力、产品性价比、质量与可靠性、技术性能水平等方面深入分析比较了我国高档数控机床与基础制造装备领域自主化率现状。

同时，为确保课题研究的准确性及科学性，不断丰富数据来源渠道，课题组与海关、各行业协会、各地经信委进行了充分的对接沟通，依托04专项办项目立项清单及验收情况汇总表、《中国机床工具工业年鉴》，以及行业协会、机床制造企业、用户企业调研问卷等数据构建了行业数据库。

此外，还对机床制造企业及重点用户企业进行了多轮实地调研，走访了北一机床股份有限公司、天津航天长征火箭制造有限公司、沈阳铸造研究所、济南铸造锻压机械研究所、沈阳飞机工业集团、中国第一汽车集团有限公司、济南二机床集团有限公司、北京航空制造工程研究所、中国一重集团有限公司、齐齐哈尔二机床（集团）有限责任公司等典型企业，与一线员工进行了对接交流，更加深入了解了行业发展现状。

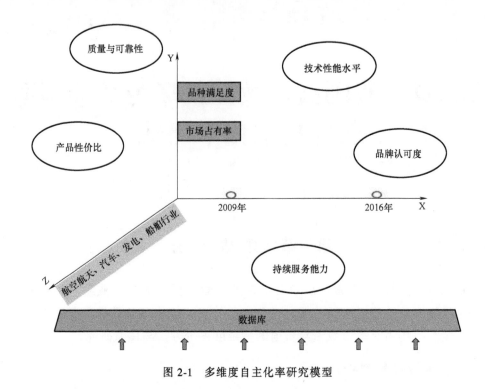

图 2-1　多维度自主化率研究模型

二、品种满足度计算公式与调研

品种满足度是指所有自主研制的装备品种数与在役装备总品种数的比值，计算公式为

$$品种满足度 = \frac{自主研制的装备品种数}{在役装备总品种数} \times 100\%$$

确认颗粒清单后，对航空航天、汽车、船舶、发电设备四大领域典型企业进行了实地调研，并发放调查问卷征集品种满足度数据，同时根据"高档数控机床与基础制造装备"科技重大专项的项目立项清单及验收情况等综合计算出目前机床装备的品种满足度。调研过程中所用到的表格示例见表 2-1。

三、市场占有率计算公式与调研

市场占有率又称市场份额，指一个企业的销售量（或销售额）在市场同类产品中所占的比重。它在很大程度上反映了企业的竞争地位、盈利能力和对市场的控制能力，是企业非常重视的一个指标。其计算公式为

市场占有率(按销售量) = 企业国内销售量/(国内销售总量+进口量)

市场占有率(按销售额) = 企业国内销售额/(国内销售总额+进口额)

表 2-1　航空航天领域品种满足度调研表

原04装备类别	序号	原04品种	设备细分类别	主要技术指标（1~2项）	重点用途	保有量及单台价值	使用情况（可靠性、故障率、精度保持性、投入使用时间等）
高速、精密、复合数控金属切削机床	1	高速立、卧式加工中心	国产在役				
			进口在役				
			新需求（请注明1.可自主研发 2.可进口 3.禁运）				

　　系统梳理了 2009—2016 年《中国机床工具工业年鉴》中所有相关数据，同时向各地经信委、央企集团发放调研问卷，征集了各省市重点机床制造企业典型装备市场占有率数据，又对航空航天、汽车、船舶、发电设备等四大领域高档数控机床及基础制造装备的国产化应用情况进行了统计。调研过程中所用到的表格示例见表 2-2、表 2-3。

表 2-2　某企业某产品 2009—2017 年国内市场占有率调查表
（具体要求见指标说明）

年份	本企业该产品销售情况				同类产品国内进口情况		本企业该产品国内市场占有率估值(%)		同类产品国产设备市场占有率估值(%)		本产品功能部件国产化率(%)	本产品数控系统国产化率(%)	产品服务重点领域及典型加工产品/典型用户
	国内销售量/台套	国内销售额/万元	出口量/台套	出口额/万美元	进口量/台套	进口额/万美元	按销售量	按销售额	按销售量	按销售额			
2009 年													
2015 年													
2017 年													

表 2-3　本企业近年新增装备明细表（局部）

年份	名称	国别	规格	台数	总价值/万元
2009 年					
	当年新增装备国产化率评估				

第二节 品种满足度评估

一、总体概况

2009 年至 2018 年，04 专项共安排课题 561 项，总经费达 260.7 亿元，对主机、数控系统、功能部件与关键部件、共性技术、创新能力平台建设等八大类项目以及重点领域成套装备与生产线均给予科学安排。通过实施专项，在高档数控机床与基础装备制造关键领域共研发各类新产品、新技术、新工艺 2996 项，12 项共性技术取得重要进展，完成 10 大标志性设备，形成 10 项标志性成果。先后使核电、大飞机等七个重大专项和一批国家重点工程实现了行业从广泛依赖进口到基本自主化的重大跨越，部分重点装备实现零的突破，极大提升了四大应用领域品种满足度水平。

目前，航空航天、船舶、汽车、发电设备制造所需高档数控机床与基础制造装备很大程度上已立足国内，初步形成了中国制造能力，经济和社会效益显著。

基于 04 专项原有实施方案的八大类 57 种典型产品，截至 2018 年年底项目验收情况，品种满足度为 89.5%，其中 45 类主机达到或接近国际先进水平，部分产品达到国际领先水平（见表 2-4）。

表 2-4 57 种高档数控机床与基础制造装备典型产品品种满足度情况表

大类	品种	是否通过验收
高速、精密、复合数控金属切削机床	高速立、卧式加工中心	是
	精密立、卧式加工中心	是
	立式铣车(车铣)复合加工中心	是
	五轴联动加工中心	是
	精密数控车床及车削中心	是
	高速数控车床及车削中心	是
	卧式铣车(车铣)复合加工中心	否/课题未验收
	高速、精密大型数控滚齿机	是
	高速、精密大型数控磨齿机	是
	难加工材料轴类零件超高速、精密外圆磨床	是
	数控切点跟踪曲轴磨床	是
	精密、复合、数控磨床	是
	精密曲面成形数控磨床	是

（续）

大类	品种	是否通过验收
高速、精密、复合数控金属切削机床	五轴联动叶片数控磨床	是
	纳米级精度微型数控磨床	是
	五轴联动高速、精密、数控工具磨床	是
	大型、精密、高效、数控螺纹加工设备	是
	高档数控珩磨机	是
重型数控金属切削机床	高速龙门五轴加工中心	是
	数控双柱移动立式铣车床	否/课题未验收
	数控桥式龙门五轴联动车铣复合机床	是
	超重型数控卧式镗车床	是
	数控重型曲轴铣车复合加工机床	是
	超重型数控落地铣镗床	是
	超重型数控轧辊磨床	是
数控特种加工机床	精密高效数控单向走丝线电火花线切割机床	是
	五轴联动精密数控电火花成形加工机床	是
	数控激光切割机	是
	超大厚度钢锭火焰切割装置	是
大型数控成形冲压设备	大型快速高效数控全自动冲压生产线	是
	大型数控单双动薄板冲压液压机	是
	粉末冶金液压机	是
	高速精密数控冲床	否/课题未验收
	大型数控强力旋压机	是
	大型多工位压力机	是
	大公称力行程冷锻成形压力机	是
	大型伺服压力机	是
	10000kN 精冲自动压力机	是
	大型复合材料构件铺带机	是
	大型复合材料缠绕/丝束铺放机	是
重型锻压设备	8 万吨级模锻压力机	是
	3.6 万吨级黑色金属垂直挤压机	是
	2 万吨级难变形合金卧式挤压机	是
	热等静压设备	是
清洁高效铸造设备	3500 吨精密卧式压铸成套设备	是
	铸件砂型近净成形成套装备	否/课题未验收
	大型电渣熔铸设备	是
	细晶、单晶高温合金真空熔炼浇铸设备	是

（续）

大类	品种	是否通过验收
新型焊接设备与自动化生产设备	大型关键构件的摩擦焊设备	是
	焊接自动化成套设备	是
	大功率激光焊接设备	是
	真空电子束焊接设备	否/课题未验收
	自动化装配和试验成套设备及电磁铆接设备	否/课题未验收
大型清洁热处理与表面处理设备	开合式大型热处理设备	是
	真空高温低压渗碳设备	是
	变截面无缝钢管连续感应热处理成套设备	是
	高效涂装关键设备	是

二、04 专项 181 项重点装备品种满足度

基于四大领域所需重点装备的梳理分析，截至 2018 年年底，现有 04 专项支持的重点装备 8 大类 57 种 181 项，其中航空航天领域 67 项、汽车领域 41 项、船舶领域 15 项、发电设备领域 17 项，已完成验收或阶段性完成 163 项，其中航空航天领域 59 项、汽车领域 34 项、船舶领域 15 项、发电设备领域 15 项。项目完成占比已达到 90.05%，超额完成 80% 的预期目标。其中：航空航天领域完成 88.05%，汽车领域完成 82.90%，船舶领域完成 100%，发电设备领域完成 88.20%（见表 2-5）。

表 2-5　04 专项项目完成情况表

序号	重点领域	领域关键装备需求品种数	已研发的产品品种数	品种满足度（%）
1	航空	48	42	87.50
2	航天	19	17	89.40
3	汽车	41	34	82.90
4	船舶	15	15	100
5	发电设备	17	15	88.20
6	机床工作母机	6	6	100
7	其他专项所需超精密设备	11	11	100
8	系统部件工具	24	23	95.80
	合计	181	163	90.05

三、重点用户企业在役装备品种满足度调研

1. 航空航天领域

根据航空航天领域各大企业及研究院所所填写调查回函结果统计，航空航天领域所需装备品种数共有 42 类，其中 04 专项含有的品种分类 30 类，根据企业实际需求变化新增了龙门坐标镗床、数控卧式铣镗床、数控龙门镗铣床、机匣/钣金件加工设备、数控拉弯机、数控三维编织成形装备、数控喷丸强化设备、复杂曲面构件机器人智能磨削装备、自动制孔机器人工作站、导管三维自由弯曲成形设备等 12 类关键设备品种。在这 42 类品种中，可自主研制的装备品种数为 34 类，品种满足度为 80.95%。

目前，04 专项积极围绕飞机及航空发动机典型零部件制造需求进行系统布局，航空领域所需关键设备品种数基本满足航空制造需求。国内某飞机企业 2016 年一次性采购沈阳机床 14 台立式五轴数控机床，创造了国产五轴数控机床批量订购新纪录。万吨级铝板拉伸机等的成功研制，填补了国内航空领域大型关重件整体成形技术空白，标志着我国航空型材制造步入国际先进行列。利用 3.6 万吨级垂直挤压生产线，实现了高温合金难变形材料挤压技术的跨越，使我国成为继美国和法国之后第三个能够挤压航空发动机高压涡轮盘用大规格粉末高温合金棒材的国家。

由 04 专项支持研发的国内首台套高档数控机床和基础制造装备在航天领域开展示范应用，打破了对进口设备的依赖，完成了 200 余种、30000 余件关键复杂零部件的加工，保障了新一代航天产品制造的安全性。国内首台超大厚度搅拌摩擦焊焊接设备、大型数控强力旋压机、世界最大吨位 15000 吨充液拉深装备、光学自由曲面超精密数控铣磨机床 LGF150 等一批专项成果，填补国内空白，替代进口设备，为新一代运载火箭、探月工程、空间站、高分专项等一批国家重点型号任务的按时完成提供了重要装备保障，并初步形成核心装备自主可控能力。调研过程中所用到的表格示例见表 2-6。

2. 船舶领域

根据各大船舶领域企业及研究院所所填写调查回函结果统计，船舶领域所需装备品种数共有 41 类，其中 04 专项含有的品种分类 38 类，根据企业实际需求变化新增了船舶曲面弯板自动化加工装备、连杆智能化生产线、定梁龙门加工中心等 3 类关键设备品种。在这 41 类品种中，可自主研制的装备品种数为 29 类，品种满足度为 70.73%。调研过程中所用到的表格示例见表 2-7。

表2-6 航空航天领域主要在役装备品种满足度调研表（节选）

装备类别	序号	品种		设备细分类别	主要技术指标（1~2项）
高速、精密、复合数控金属切削机床	1	高速立、卧式加工中心	国产在役	μ1000/460VF 高速立式加工中心	工作台尺寸 420mm×700mm，主轴最高转速 20000r/min
				沈阳机床 HMC63e/HMC63es（四轴加工工中心）	主轴功率 17kW/22.5kW，X/Y/Z 轴定位精度 0.01mm，重复定位精度 0.006mm
				沈阳机床 VMC850B	主轴功率 11kW/15kW，X/Y/Z 轴定位精度 0.016mm/0.012mm/0.012mm，重复定位精度 0.01mm/0.008mm/0.008mm
				沈阳机床 VMC2100B	主轴功率 15kW/18.5kW，X/Y/Z 轴定位精度 0.015mm/0.01mm/0.01mm，重复定位精度 0.01mm/0.006mm/0.006mm
				三轴高速立式加工中心	定位精度 ≤ 0.010mm，重复定位精度 ≤ 0.005mm，主轴最高转速 ≥ 18000r/min
				四轴高速卧式加工中心	定位精度 ≤ 0.010mm，重复定位精度 ≤ 0.006mm，主轴最高转速 ≥ 18000r/min
				KHS63/2	工作台尺寸 630mm×630mm，主轴转速 15000r/min
			进口在役	德国德马吉 DMC1035V	主轴功率 9kW/13kW，X/Y/Z 轴定位精度 0.008mm，重复定位精度 0.005mm
				德国德马吉 DMF220	主轴功率 25kW/35kW，X/Y/Z 轴定位精度 0.01mm，重复定位精度 0.006mm
				德国 HELLER MG125（四轴加工中心）	主轴功率 20kW/30kW，X/Y/Z 轴定位精度 0.006mm，重复定位精度 0.004mm
				美国 HAAS EC-1600（四轴加工中心）	主轴功率 22.4kW，X/Y/Z 轴定位精度 0.0076mm，重复定位精度 0.005mm

品种	主要技术指标
美国 HAAS HS-2RP（四轴加工中心）	主轴功率 14.9kW，X/Y/Z 轴定位精度 0.005mm，重复定位精度 0.0025mm
瑞士 LIECHTI g-Mill 1150	工作台回转直径≥φ400mm，X/Y/Z 轴:1g，A 轴（不带工件）≥25000°/s²，B 轴（不带工件）≥2700°/s²
卧式四轴加工中心（可自主研发）	主轴功率 30kW/37kW，进给速度范围 0~20m/min，快速移动速度 40m/min，X/Y/Z 轴定位精度 0.008mm，X/Y/Z 轴重复定位精度 0.004mm，B 轴分度定位精度 8"，重复定位精度 4"
内腔铣削加工专机（可自主研发）	X/Y/Z 轴行程 350mm/2000mm/400mm，中心架支撑直径范围 φ(180~430)mm，X/Y/Z 轴定位精度 0.005mm，X/Y/Z 轴重复定位精度 0.0025mm，B 轴分度精度 15"
大型立式三轴加工中心（可自主研发）	工作台尺寸 2200mm×800mm，X/Y/Z 轴行程 2100mm/800mm/800mm，主轴电动机功率 15kW/18.5kW，主轴转速 6000r/min，定位精度 0.005mm，重复定位精度 0.003mm
高速门型立式三轴加工中心（可自主研发）	工作台尺寸 600mm×550mm，主轴无配重设计，立柱门型结构；X/Y/Z 轴行程 600mm/500mm/350mm，X/Y/Z 轴快速进给速度 24m/min/24m/min/15m/min；主轴转速 16000r/min，定位精度 0.008mm，重复定位精度 0.005mm

新需求（请注明:1.可自主研发;2.可进口;3.禁运）

表 2-7　船舶领域主要在役装备品种满足度调研表（节选）

装备类别	序号	品种	设备组分类别		主要技术指标（1~2项）
高速、精密、复合数控金属切削机床	1	高速立、卧式加工中心	国产在役	立式加工中心 VMC800	X/Y/Z 轴定位精度 0.008mm，重复定位精度 0.004mm
				立式加工中心 VMC1200	X/Y/Z 轴定位精度 0.008mm，重复定位精度 0.004mm
				立式加工中心 CY-VMC1270	X/Y/Z 轴定位精度 0.032mm/0.02mm/0.02mm，重复定位精度 0.012mm/0.012mm/0.012mm
				立式加工中心 CY-VMC1580	X/Y/Z 轴定位精度 0.032mm/0.02mm/0.02mm，重复定位精度 0.012mm/0.012mm/0.012mm

（续）

装备类别	序号	品种		设备细分类别	主要技术指标（1~2项）
高速、精密、复合数控金属切削机床	1	高速立、卧式加工中心	国产在役	立式加工中心 PV1800A	X/Y/Z 轴定位精度 0.015mm，重复定位精度 0.008mm
				龙门加工中心 XHD2315	X/Y/Z 轴定位精度 0.025mm/0.03mm/0.012mm，重复定位精度 0.020mm/0.008mm
				卧式加工中心 XH755G/2	X/Y/Z/B 轴定位精度 0.010mm/0.010mm/0.010mm/10"，重复定位精度 0.006mm/0.006mm/0.006mm/6"
				数控卧式铣镗床 TK6816	X/Y/Z/W/V/B 轴定位精度 0.022mm/0.018mm/0.018mm/0.025mm/0.018mm/12"，重复定位精度 0.013mm/0.013mm/0.013mm/0.015mm/0.013mm/8"
				数控龙门镗铣加工中心 XK2730×10	工作台尺寸 3m×10m，重复误差 2mm
				数控卧式加工中心 TH6563×63	63mm×63mm
				数控卧式加工中心 HTM125	1250mm×1250mm
				数控立式车床 F500	500mm×1200mm
				双柱立式车床	最大车削直径 3150mm
				数控双柱立式车床	最大车削直径 3150mm
				数控双柱立式车床	最大车削直径 6300mm
			进口在役	米克朗 UCP1350	海德汉系统
				德马吉 340P	海德汉系统
				威力铭 W528HP	FANUC 系统
				哈默 C1200U	海德汉系统
				米克朗 UCP1000	—
				美国米超力 CVM24-C	—
			新需求（请注明：1. 可自主研发；2. 可进口；3. 禁运）	卧式加工中心	工作台行程 1300mm×700mm×650mm，工作台回转精度 0.001°
				立式加工中心	工作行程 800mm×500mm×620mm，转速 40~8000r/min，定位精度 0.015mm，重复定位精度 0.008mm
				立式加工中心(2)	工作行程 800mm×500mm×620mm，重复定位精度 0.004mm，转速 40~8000r/min，定位精度 0.008mm
				高速立式加工中心(2)	1000mm×550mm×600mm
				高速立式加工中心(2)	1800mm×850mm×1000mm

四、品种满足度评估结论

1. 机床装备行业品种满足度很大程度上已立足国内

机床装备行业关键技术实现重大突破、设计制造水平大幅提升、重点领域需求得到进一步满足，实现了从广泛依赖进口到基本自主化的重大跨越，部分重点装备实现零的突破，极大提升了航空航天、船舶、汽车、发电设备四大应用领域品种满足度。

2. 专项支持的重点主机产品品种满足度已超过90%

专项支持的8大类57种181项重点主机产品（航空航天领域67项、汽车领域41项、船舶领域15项、发电设备领域17项），已完成或阶段性完成验收163项，总体品种满足度已达到90.05%，超额完成80%的预期目标。其中航空航天领域88.05%，汽车领域82.90%，船舶领域100%，发电设备领域88.20%

3. 航空航天领域品种满足度较高，装备实际应用成效持续提升

航空航天是我国战略必争的产业领域，因涉及国防军工发展需要，常年受到发达国家的进口限制和技术监视，并且相对于其他行业而言，产品加工批量小、单件价值和利润高、加工效率要求较低，所以是立足自主开发、国产装备应用需求最大的行业。国产装备总体上能够满足航空航天领域战略需求，但仍有部分如高端五轴加工机床、大型翻板铣等关键加工装备依赖进口。

航空航天领域用户和装备生产企业联合紧密，形成了"研发—试用—反馈—改进—生产"的良性循环，为装备生产企业提供了良好的设备运行平台，用户所反馈的装备运行数据能更好地为生产企业积累和改进加工工艺参数，使得国产设备更能贴近用户生产需要，总体上能够满足航空航天领域战略需求。目前，航空航天重点企业在役装备品种满足度已达80.95%（基于实际应用企业调研结论）。

4. 汽车领域国产装备实际应用情况较差，市场推广难度大

汽车是机床与基础制造装备最大的用户领域，对加工装备生产效率和节拍要求极高，而国产装备性能指标及可靠性、精度保持性均难以满足汽车企业的生产要求。此外，国内重点企业均以进口生产线为主，加之市场壁垒严重，对国产装备信任度不高，汽车领域国产装备多用于中低端产品，实际应用情况较差（基于实际应用企业调研结论）。

5. 船舶领域仍有部分专用加工设备不能满足需求

目前，船舶领域重点企业在役装备品种满足度为70.73%（基于实际应用企业调研结论）。船舶领域已在代替传统水火弯板的冷压成形设备、数控弯管机、无人管类加工生产线等方面取得重大突破，但燃气轮机的盘/轴/机匣/环

简类零件加工设备、全回转舵桨焊接设备、高压共轨管加工设备、中/高速曲轴加工设备等专用加工设备仍依赖进口，这也是实地调研数据与专项完成情况数据存在差异的主要原因。

6. 发电设备领域大部分国产装备已基本满足需求，但性能与效率差距影响实际应用效果

发电设备领域正面临供给侧结构性改革，近十年产能连续下降，现有设备基本满足生产需求，对制造装备升级需求不高；同时燃气/燃机的设计技术、单晶叶片制造技术，以及远程运维、远程故障检测等关键技术水平差距也影响了国产装备在实际应用中的效果（基于实际应用企业调研结论）。

第三节 国内市场占有率评估

一、金属加工机床市场占有率评估

1. 金属切削机床市场占有率概况

自 04 专项实施以来，我国金属切削机床总产值呈上升趋势，总体市场占有率（按价值计算）在 2018 年已达到 69%（见图 2-2）；而金属切削机床总产量由于产业结构调整、更多企业的产品转向中高端等原因呈缓慢下降趋势（见图 2-3、图 2-4），市场占有率（按台套数计算）逐渐下滑，但仍维持在 76% 以上的较高水平，2016 年数控金属切削机床产量为 190642 台，降幅较为明显。

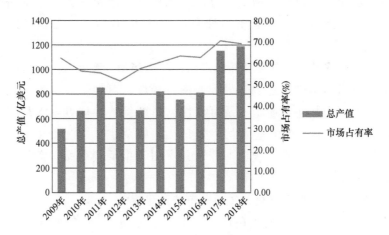

图 2-2 2009—2018 年金属切削机床总产值与市场占有率
（按价值计算）变化趋势图

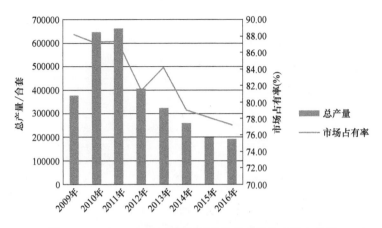

图 2-3　2009—2016 年金属切削机床总产量与市场占有率
（按台套数计算）变化趋势图

图 2-4　2011—2018 年金属加工机床产量变化趋势

　　在金属切削机床单台价值方面，我国国产金属切削机床产品有了较大幅度的提升，从 2009 年的单台机床平均价值 2 万美元提升至 2018 年的超过 9 万美元，增幅接近 500%；与之相对，进口机床设备的单台价值只从 2009 年的 9 万美元上升至 2016 年的 13.9 万美元，其升幅在 50% 左右（见图 2-5）。由此可见，在 04 专项的大力支持下，我国机床行业在国际整体技术高速进步、市场逐步扩大的环境中，不但维持了相对较高的市场占有率，而且产品总体价值水平得到大幅度提升，产品档次有效提高，极大缩小了与进口机床设备的价格差距。

　　通过对金属切削机床中加工中心、数控车床、磨床、齿轮加工机床、特种加工机床等五大类典型产品市场占有率的横向对比分析可以看出（见图 2-6、图 2-7），我国数控车床产品在市场中占据了绝对优势，市场占有率无论从单台

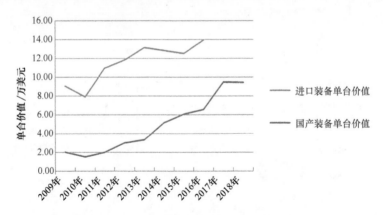

图 2-5　国产及进口金属切削机床单台价值变化趋势图

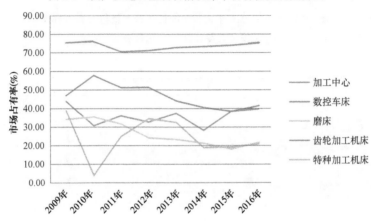

图 2-6　2009—2016 年典型金属切削机床变化趋势图（按价值计算）

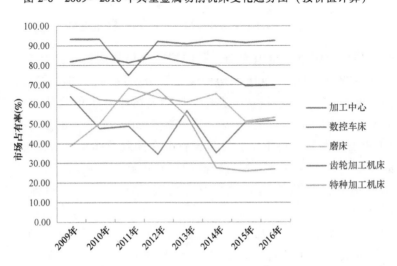

图 2-7　2009—2016 年典型金属切削机床变化趋势图（按台套数计算）

价值还是台套数维度分析均处于较高水平，台套数维度市场占有率已高达 90% 以上；国产加工中心和齿轮加工机床市场占有率占据中游，其中齿轮加工机床 2016 年台套数维度占有率达到 70%，但价值维度占有率只有 40%，并呈缓慢下降趋势，值得警惕；国产加工中心产品则在激烈的竞争环境中保持了相对稳定的市场占有率；而国产磨床与特种加工机床产品市场占有率仍处于 20%~40% 间的较低水平。

2. 金属成形机床市场占有率概况

2011—2018 年，受国际市场总体环境变化影响，我国金属成形机床总产值与产量总体下滑幅度较大，总产值由 2011 年的 186 亿元下降至 2018 年的 154 亿元（见图 2-8），总产量由 2011 年的 11 万台下降至 2018 年 2.2 万台（见

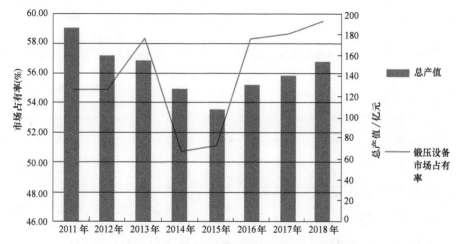

图 2-8 2011—2018 年金属成形机床总产值与市场占有率
（按价值计算）变化趋势

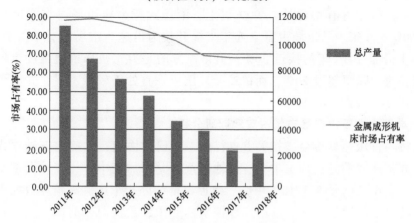

图 2-9 2011—2018 年金属成形机床总产量与市场占有率
（按台套数计算）变化趋势

图 2-9），降幅分别达到 18% 和 80%。在相对不利的市场环境下，我国金属成形机床市场占有率则在波动中维持了较高的水平，并于 2016—2017 年度稳步上升，2018 年度相对 2011 年价值维度市场占有率上升近 5%。

在专项实施期间，我国国产金属成形机床单台价值稳步提升，由 2011 年的 2.5 万美元提升至 2018 年的 6.7 万美元；进口设备单台价值有所下滑，由 2011 年的 15.6 万美元下降至 2016 年的 11.7 万美元；我国国产设备与进口设备单台价值差距进一步缩小（见图 2-10）。

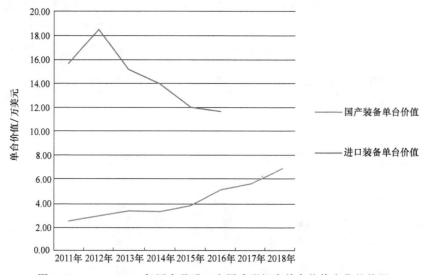

图 2-10　2011—2018 年国产及进口金属成形机床单台价值变化趋势图

通过对锻造及冲压机、液压式压力机、机械式压力机、剪切机床、冲床等五大类典型产品市场占有率的横向对比分析，国产机械式压力机在市场中占据绝对优势，市场占有率保持在 90% 以上；液压式压力机市场占有率也稳定在 50%~60%；冲床产品市场占有率近年来提升较为迅速，市场占有率由 2011 年的 10% 上升至 2016 年的接近 30%；值得注意的是剪切机床价值维度市场占有率下降较快，降幅超过 20%；而锻造及冲压机一直处于较低水平，并在缓慢下降（见图 2-11、图 2-12）。

3. 典型企业重点产品市场占有率调研分析

通过与机床工具协会、相关重点行业专家研讨协商，共确定五轴立式加工中心、高精度五轴卧式加工中心、五轴超重型龙门加工中心、五轴大型龙门式加工中心、车铣（铣车）加工中心、数控超重型卧式车床、高精度数控平面磨床、高精度数控导轨磨床、高精度数控坐标磨床、数控曲轴磨床、数控轧辊磨床、高精度滚齿机、高精度数控电火花线切割加工机床等 28 类重点产品为金

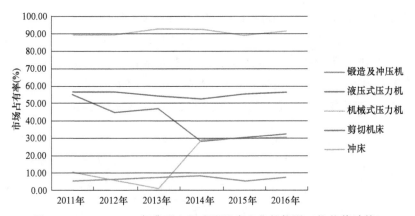

图 2-11　2011—2016 年典型金属成形机床变化趋势图（按价值计算）

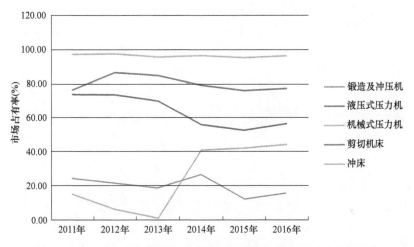

图 2-12　2011—2016 年典型金属成形机床变化趋势图（按台套数计算）

属切削机床领域重点装备作为重点调研范围，确定与之相应的沈阳机床集团、大连机床集团、大连光洋科技集团有限公司、齐齐哈尔中国第一重型机械集团、北一机床股份有限公司、北京第二机床厂有限公司、济南二机床集团有限公司、南京第二机床厂有限公司、苏州电加工机床研究所、武汉机床厂、四川普什宁江机床有限公司、陕西汉江机床有限公司、宁夏银川大河数控机床有限公司等数十家行业领军龙头企业作为调研对象并向其发放了调研问卷。

综合分析调研数据，我国目前金属切削机床领域典型装备中，五轴立式加工中心、五轴大型龙门式加工中心、数控超重型卧式车床、数控超重型立式车床、高精度数控内圆磨床、高精度数控坐标磨床、高精度数控电火花线切割加工机床、数控电火花小孔加工机床等 8 类产品市场占有率超过或接近 80%，处于领先地位。其中以五轴立式加工中心增速最高，市场占有率从 2009 年的 55% 提升至 2017 年的 95%，基本占领了国内市场。高精度数控中小型卧式车床市场占有率增长迅速，已从 2009 年的 25% 增至 2015 年的 50%，占据了国内市场的半壁江山（见图 2-13）。曲轴磨床和滚齿机等装备则值得警惕，近几年市场占有率一直处于下滑状态，尤其以曲轴磨床降幅最大。平面磨床、工具磨床和金属珩磨机床一直是我国机床产品的弱项，市场竞争力相比进口产品尚有较大差距，市场占有率多年一直处于不足 25% 的低位（见图 2-14）。

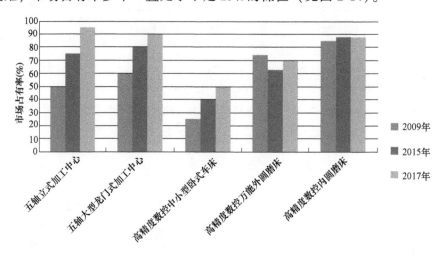

图 2-13　市场占有率较高和上升速度较快的机床品种

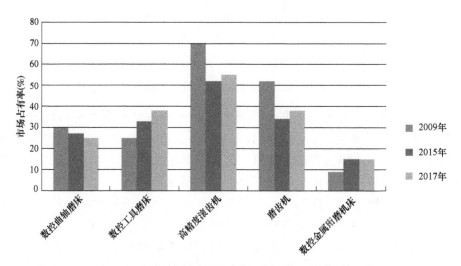

图 2-14　市场占有率较低和呈下降趋势的机床品种

4. 国产机床装备与国外主要竞争对手的对比

我国金属切削机床企业的主要国际竞争对手为德国德马吉集团（DMG）、德国舒勒集团（Schuller）、德国科堡机床数控机械有限责任公司、山崎马扎克有限公司（MAZAK）、新日本工机株式会社（SNK）、日本住友集团（SUMITO-MO）、美国哈挺有限公司（Hardinge）、格里森有限公司（Gleason）、德国斯来福临集团公司（SCHLEIFRING）、瑞士斯达拉格集团（Starrag）等五十余家国际先进企业，集中分布于德国、日本、美国、瑞士、意大利和西班牙等六个国家，以德国和日本企业实力最为强大，其次是瑞士和美国企业，如图2-15所示。

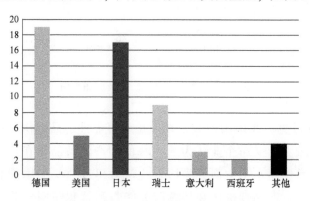

图2-15 我国金属切削机床企业主要竞争对手分布图

通过与调研企业和专家沟通交流，选取了产品技术性能水平、产品质量与可靠性、产品品牌认可度、产品性价比、产品持续服务能力五个维度对国产装备和进口装备的差距进行评估（见图2-16）。

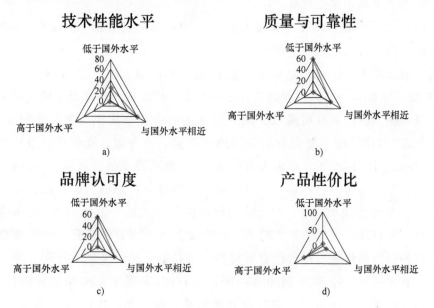

图2-16 国产装备与进口装备差距评估图

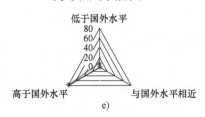

持续服务能力

图 2-16 国产装备与进口装备差距评估图（续）

由图 2-16 可见，我国国产装备在质量与可靠性、品牌认可度两方面与国外先进产品差距较大，受访企业认为约 60% 的国产装备品类在这两方面要低于国外水平。在技术性能水平方面，受访企业认为超过 70% 的国产装备品类接近或领先于国外水平。产品性价比和持续服务能力则是我国国产装备的重要竞争力所在，受访企业认为超过 80% 的国产装备品类性价比和提供后续服务的能力高于国际同类产品。

二、基础制造装备市场占有率评估

1. 铸造装备市场占有率

（1）市场占有率概况 根据行业协会调研和海关数据，自 2009 年以来我国典型铸造装备市场占有率提升较为迅速，其中高真空智能精密压铸岛国内销售量、销售额大大提高，进口额、进口量大幅降低，国产装备国内占有率从 9.1% 提高到 60%；高紧实度高效黏土砂造型生产线国内销售量、销售额有所提高，进口额、进口量有所降低，国产装备国内占有率从 77.8% 提高到 86.9%；智能化 3D 打印砂型造型设备装备国内销售量、销售额急剧提高，进口额、进口量有所提升，国产装备国内占有率从 9.1% 提高到 50%；低压/差压铸造设备国内销售量、销售额有所提高，进口额、进口量有所降低，国产装备国内占有率从 83.3% 提高到 95.2%；自动化智能浇注设备实现了国内销售量、销售额 0 的突破，进口额、进口量基本持平，国产装备国内占有率达到 50%；废砂再生处理设备国内销售量、销售额有所提高，进口额、进口量基本持平，国产装备国内占有率从 66.6% 提高到 80%；机器人打磨/清理设备实现了国内销售量、销售额 0 的突破，进口额、进口量有所提升，国产装备国内占有率达到 50%。具体情况可见表 2-8 及图 2-17。

表 2-8　我国铸造行业重点装备国内市场占有率情况

序号	重点装备	国内销售量/台套		国内销售额/万元		进口量/台套		进口额/万美元		国内市场占有率(%)	
		2009年	2016年	2009年	2016年	2009年	2016年	2009年	2016年	2009年	2016年
1	高真空智能精密压铸岛	5	30	10000	60000	50	20	45000	18000	9.1	60
2	高紧实度高效黏土砂造型生产线	700	1000	180000	240000	200	150	12000	9000	77.8	86.9
3	智能化3D打印砂型造型设备	10	200	4000	80000	100	200	12000	24000	9.1	50
4	低压/差压铸造设备	1000	2000	100000	200000	200	100	6000	3000	83.3	95.2
5	自动化智能浇注设备	0	20	0	6000	20	20	1900	1900	0	50
6	废砂再生处理设备	100	200	50000	100000	50	50	7500	7500	66.6	80
7	机器人打磨/清理设备	0	20	0	6000	10	20	950	1900	0	50

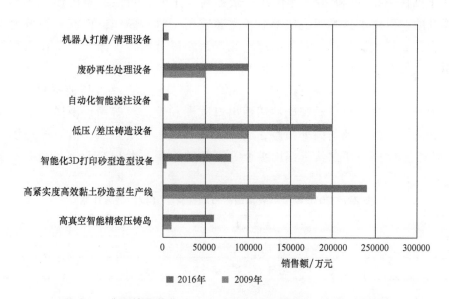

图 2-17　典型铸造装备 2009 年与 2016 年销售额（万元）对比图

（2）与国外主要竞争对手的对比　硬砂铸造装备竞争对手主要有意大利埃姆福集团有限公司（IMF）、英国欧美嘉铸造设备有限公司（OMEGA）、德国莱茵公司（KLEIN）。调查结果显示，本土企业相对外国竞争对手，其产品技术水平总体处于优势（两家相当，一家处于优势），在产品的质量和可靠性上处于优势（两家相当，一家处于优势）。随着我国铸造设备的发展，国产设备的认可度受到国际认可（一家相当，两家处于优势），其出色的性价比在竞争中脱颖而出（绝对优势），同时持续服务能力也为本土企业加分不少（绝对优势）。

机器人打磨/清理设备竞争对手主要有意大利 MAUS 公司、德国摩森纳公司 MOESSNER 公司、日本巴零达公司（BARINDER）、德国瑞其曼公司（REICHMANN &SOHN）、德国徕斯公司（REIS）。调查显示，本土企业相对外国竞争对手，其产品技术水平总体处于优势（三家相当，两家处于优势），但是在产品的质量和可靠性上则处于劣势（两家相当，三家处于劣势）。随着我国铸造设备的发展，国产设备的认可度得到了长足发展（四家相当，一家处于优势），其出色的性价比在竞争中脱颖而出（两家相当，三家处于优势），同时持续服务能力也为本土企业加分不少（绝对优势）。

2. 锻压装备市场占有率

（1）市场占有率概况　依据中国机床工具工业协会锻压机械分会提供的行业数据，2016 年重点装备国内市场占有率见表 2-9。以大型数控单双动薄板冲压液压机在 2009 年和 2016 年两年的数据对比来看，重点装备的国产化率是有所提升的，但由于这类板类成形装备主要应用于汽车领域，而汽车领域受制于品牌和行业特点，国产化装备的应用程度始终提升较慢。国产装备在汽车领域应用较好的企业是济南二机床集团有限公司，是目前世界冲压行业制造实力最强的企业，其冲压线效率已达 18 次/min，已跻身世界三大冲压装备制造商。冲压技术世界领先，全自动智能冲压线出口欧洲和美、日等国。济南二机床大型机械冲压线国内市场与国外市场占有率各达 80%、40% 以上，装备被通用、福特、大众、路虎、沃尔沃等国内多个合资品牌采用，并出口北美、东南亚等海外汽车主机厂。

表 2-9　2016 年重点装备国内市场占有率（按销售量计算）

序号	重点装备	占有率(%)
1	大型高效数控全自动冲压生产线	75
2	大型数控单双动薄板冲压液压机	85
3	粉末冶金液压机	55
4	高速精密数控冲床	60
5	大型多工位压力机	50
6	大型冷锻成形压力机	50

（续）

序号	重点装备	占有率(%)
7	大型伺服压力机	50
8	精冲自动压力机	40
9	万吨级模锻压力机	80
10	万吨级黑色金属垂直挤压机	90
11	万吨级难变形合金卧式挤压机	80
12	大型数控弯曲折叠压力机	70
13	万吨级电动螺旋压力机	50

依据《中国机床工具工业年鉴》2009 年与 2016 年的锻压设备进出口数据来看（见表 2-10），进口设备总量几乎持平，但设备出口量有较明显的增长趋势。我国出口锻压设备的单台价值稍有提升，但与国外同类产品相比，国产锻压设备出口总体上仍处于低端价值区间。

表 2-10 2009 年与 2016 年锻压设备进出口对比情况表

装备类型	2009 年				2016 年			
	进口额/千美元	进口量/台	出口额/千美元	出口量/台	进口额/千美元	进口量/台	出口额/千美元	出口量/台
锻压设备总计	1338030	16791	457000	291721	2000000	14338	1120000	534339
锻造机及冲压机	329880	2106	31770	2046	452193	2269	153049	9621
液压式压力机	—	—	71240	48113	137337	1049	164689	213214
机械式压力机	122230	2321	48840	28646	135302	1851	95734	36287
弯曲、折叠机床	221740	1747	112490	157246	296123	2658	245692	219834
剪切机床	128420	795	78890	24184	166521	636	145852	42287
冲床	213160	2425	22200	6132	237012	1741	100895	40505

（2）与国外主要竞争对手的对比 冲压装备与冲压线方面的国外主要竞争对手是德国舒勒集团（Schuller）、德国通快公司（TRUMPF）、日本小松株式会社（NTC）、日本会田工程技术株式会社（AIDA）、日本村田机械株式会社（MOTONUM）、西班牙法格公司（FAGOR）。

多工位压力机的国外主要竞争对手是德国舒勒集团、日本小松株式会社、德国道尔斯特技术有限公司（DORST）、德国拉斯科成形技术有限公司（LAS-CO）、意大利帕玛公司（PAMA）、意大利菲亚特公司（FPT）、意大利茵赛公司（INNSE）。

内高压和超塑成形装备的国外主要竞争对手是德国舒勒集团、德国劳费尔公司（Lauffer）、德国道尔斯特技术有限公司、日本油研工业株式会社

（YUKEN）、日本川崎重工业株式会社（KAWASAKI）、英国切斯特公司（CHESTER）、瑞典 APT 公司、法国阿尔斯通 ACB 公司、美国 CYRILBATH 公司。

从产品技术性能水平、产品质量与可靠性、产品品牌认可度、产品性价比、产品持续服务能力五个方面与国外同类产品进行比较，冲压机床和压力机装备制造企业中，德国舒勒和日本小松、日本会田、西班牙法格等企业的产品在产品技术性能水平、产品质量与可靠性、产品品牌认可度方面得到一致好评，我国同类产品在性价比和售后服务方面占据一定优势。但在调研用户企业过程中，发现在装备价值低端区间，我国国产装备是全面优于国外产品或与国外产品持平的，在对精度和可靠性有严格要求的情况下，我国国产装备尚不能满足用户需求，存在"用则低效"的问题。在成形模具方面，德国大众模具在产品技术性能水平、产品质量与可靠性、产品品牌认可度方面具有优势。在超塑成形、蒙皮拉伸机等特殊成形装备方面，我国尚无可以与国外产品比较的产品，德国道尔斯特、法国阿尔斯通 ACB、英国切斯特等公司的相关设备在国内占有绝对优势的市场份额。

国内典型装备与国外产品对比来看，在产品性价比、产品持续服务能力方面，70%的企业认为国内相关产品高于国外装备的水平，其他近 20%的企业认为与国外水平持平。在产品技术性能水平和产品质量与可靠性这两个维度上，约 60%的企业认为国内相关产品与国外装备的水平持平，其他近 20%的企业认为低于国外水平，同时有 15%的企业认为高于国外水平。在产品品牌认可度这个维度上，国内只有 15%的企业认为是高于国外水平的，可见在品牌的建立与维护方面上尚需提高（见图 2-18）。

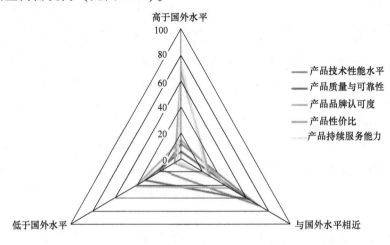

图 2-18　锻压装备与国外产品的对比情况

3. 焊接装备市场占有率

（1）市场占有率概况　目前，我国典型焊接装备国内市场占有率最高的是辅机具及配套件，其次为电弧焊机；相较于 2009 年提升最为显著的是焊接中心自动化及专机自动化，焊接设备智能化程度不断提高（见表 2-11）。在特种焊接设备中，适应各种焊接情况的特殊焊接设备层出不穷，如搅拌摩擦焊机等。双丝焊接、激光-电弧复合焊接以及双激光为代表的多热源焊接装备也得到快速发展。半自动化或自动化的焊接专用及成套设备已经在机车、汽车、家电、钢结构等行业占据主体地位；焊接机器人为代表的自动化装备也日益增加，这些焊接设备的迅猛发展跟我国机械加工水平精度的提高、科研投入的加大密不可分。但与此同时，数字化弧焊电源高端产品、焊接机器人本体、配套焊接电源、集成技术及相关技术、复合热源高效焊接方法及设备（如大型激光发生器）等还主要依赖进口。未来，全流程智能化系统解决方案及成套装备将是焊接装备发展的重要方向。

表 2-11　我国典型焊接装备国内市场占有率情况

产品名称	2009 年国内市场占有率(%)	2016 年国内市场占有率(%)
电弧焊机	56	72
电阻焊机	55	68
特种焊接设备	50	60
专机自动化	45	62
焊接中心自动化	48	68
辅机具及配套件	60	75

（2）与国外主要竞争对手的对比　目前，我国焊接设备的国外主要竞争对手包括法国宝利苏迪公司（POLYSOUDE）、日本松下公司（Panasonic）、奥地利福尼斯公司（Fronius）等。

法国宝利苏迪公司是一家专业研发、生产管管焊机、管板焊机，以及其他自动氩弧 TIG 焊接设备、自动堆焊设备、机器人焊接系统、等离子焊接系统的龙头企业。其产品广泛应用于核电、火电、航空航天、石油石化、制药、食品机械/工程等领域，是国际上轨道式焊接的先驱，是全位置管管、管板焊接行业的全球领导者。

日本松下公司则拥有世界一流的制造、调试和检测设备，生产各种弧焊机、电阻焊机、等离子切割机、机器人等。同时，凭借松下机器人的先进技术和在焊接领域的丰富经验，其市场认知度达到 39%，广泛应用于汽车、摩托车、机车、工程机械、电力设备、家具制造等多个领域。

奥地利福尼斯公司是欧洲著名的焊机制造商，也是世界焊接工业的主导企业。自 1945 年成立后半个世纪以来，一直以创新的产品领导着焊机的发展，曾率先开发出第一台硅整流焊机和第一台逆变焊机，其先进的技术、可靠的服务，使福尼斯公司在世界范围内备受推崇。目前已成为大众、宝马等汽车集团全球指定产品，其年销量居欧洲第一。福尼斯焊机已广泛应用于汽车、铁路机车、航天、造船、军工等高质量要求的行业，并呈快速增长趋势。其产品主要有 TP 系列手工焊机、TT/MW 系列交/直流氩弧焊机、TPS 系列 MIG/MAG 焊机、VST 系列气体保护焊机、TIME TWIN 双丝焊机、热丝 TIG 焊机、激光 MIG 焊机、FPA 管焊机。目前，福尼斯公司结合最先进的微处理器控制技术和逆变技术，推出新一代的微机控制焊机，正引发焊接史上的一次数字化革命。

目前我国焊接装备的典型龙头企业主要包括深圳大族激光科技股份有限公司、华工科技产业股份有限公司、昆山华恒机器人有限公司、哈尔滨焊接研究所、上海沪工焊接集团股份有限公司、深圳市佳士科技股份有限公司、深圳市瑞凌实业股份有限公司、上海通用重工集团有限公司等。其产品性价比及持续服务能力与国外产品基本持平甚至优于国外产品，但在技术性能水平、质量与可靠性及品牌认可度等方面还有较大差距。

4. 热处理装备市场占有率

（1）市场占有率概况　我国热处理行业市场占有率较高、近几年发展迅猛的重点装备有：真空加热淬火、回火设备；真空低压渗碳、渗氮设备；真空溶剂清洗机；控制气氛密封箱式多用炉（渗碳、碳氮共渗）生产线；控制气氛连续式热处理（正火、退火、调质、渗碳、光亮淬火）生产线；感应加热淬火机床；数字控制大型井式渗碳炉（见表 2-12）。

热处理行业重点装备发展迅速主要原因是装备制造企业加大研发投入力度，同时进行国际交流学习，引进国外先进热处理装备。通过国家重大项目拉动，使得我国热处理企业经济实力增强，从而再度加大研发投入力度，形成企业的良性循环，促进了热处理行业的快速发展。

表 2-12　我国热处理行业重点装备国内市场占有率情况

序号	重点装备	国内销售量/台套		进口量/台套		国内市场占有率（按销售量计算）（%）	
		2009 年	2016 年	2009 年	2016 年	2009 年	2016 年
1	真空加热淬火设备	150	250	50	50	70	90
2	真空加热回火设备	50	100	20	30	70	80
3	真空低压渗碳设备	—	30	10	10	—	70
4	真空低压渗氮设备	—	10		10		50
5	低压等离子热处理设备	100	100	10	10	70	90

（续）

序号	重点装备	国内销售量/台套		进口量/台套		国内市场占有率（按销售量计算）（%）	
		2009 年	2016 年	2009 年	2016 年	2009 年	2016 年
6	碳氮共渗热处理设备	200	400	50	30	80	90
7	连续式热处理设备	200	500	10	—	80	90
8	在线式数字化、多轴化、多工位的感应热处理生产线	100	200	10	10	80	90
9	其他	100	300	10	10	90	90

（2）与国外主要竞争对手的对比 目前，我国热处理设备的国外主要竞争对手包括德国易普森公司（Ipsen）、法国依西埃姆工业炉公司（ECM）、奥地利爱协林集团公司（AICHELIN）、法国易孚迪集团（EFD）等。

易普森公司已在全球范围内安装了10000多套热处理系统，并提供全球化的模块化平台，而且可以根据客户的特殊工艺和要求进行专门定制。除了提供不同的尺寸型号，易普森气氛炉和真空炉系统还可以实现多种工艺，包括退火、淬火、低压渗碳、固溶氮化、去应力退火和回火等。易普森公司最新的进展之一是 PdMetrics® 软件平台，它创造性地超越现有技术，整合集成物联网和工业 4.0 技术，帮助用户采集监测数据，实现预见性维护功能。

依西埃姆公司从 1928 年成立至今，已生产销售了 8000 多台套各类热处理设备。依西埃姆公司的真空炉业务在欧洲占有很大的市场份额，尤其是在法国，依西埃姆公司占据了 80% 的市场份额。依西埃姆公司在低压真空渗碳领域处于世界领先地位。

爱协林公司以生产环形炉、箱式炉、辊底炉、转底炉、推盘炉、井式炉等热处理生产线以及热处理设备通用件、加热系统为主。这些设备广泛应用于机械、铁路、汽车、齿轮、轴承、航空、航天、船舶、石油等行业。

易孚迪集团是世界上最大的供应感应加热设备的跨国性股份制集团企业之一。产品主要分三大类：感应加热机床（IHM）、感应电源系统（IPS）和商业性的热处理（CHT）。这些产品主要应用于汽车、机械、电子、船舶、冶金、航空等领域。

我国热处理装备质量水平与工业发达国家同类名牌产品相比，在可靠性和使用寿命方面依然存在较大差距。目前，我国热处理技术及质量管理水平较低、产品质量稳定性较差，仍是我国机械工业由大变强的瓶颈之一。

三、国内市场占有率研究结论

1. 金属加工机床市场占有率过半

自 04 专项实施以来，金属加工机床产量由于产业结构调整、企业产品转向中高端等原因缓慢下降，但由于单台装备价值大幅提升，产值总体仍呈上升趋势。2018 年，金属切削机床国内市场占有率按台套数计算超过 3/4，按价值计算不到 2/3；金属成形机床国内市场占有率按台套数计算约为 3/4，按价值计算超过 1/2。

2. 基础制造装备市场占有率不断提升

自 04 专项实施以来，基础制造装备市场占有率增长十分迅速。其中高真空智能精密压铸岛、智能化 3D 打印砂型造型设备、低压/差压铸造设备、自动化智能浇注设备等重点铸造装备 2016 年市场占有率相比 2009 年提升 32%。

大型高效数控全自动冲压生产线、大型冷锻成形压力机、大型伺服压力机、万吨级模锻压力机、万吨级黑色金属垂直挤压机、万吨级大型数控弯曲折叠压力机、万吨级电动螺旋压力机等重点锻压装备 2016 年市场占有率相比 2009 年提升 10%。

电弧焊机、电阻焊机、特种焊接设备、专机自动化、焊接中心自动化、辅机具及配套件等重点焊接装备 2016 年市场占有率相比 2009 年提升了 15%。

真空加热淬火设备、真空加热回火设备、真空低压渗碳设备、真空低压渗氮设备、低压等离子热处理设备、碳氮共渗热处理设备、连续式热处理设备等重点热处理装备 2016 年市场占有率相比 2009 年提升了 22%。

3. 低端产品产能过剩，高端产品市场占有率不高

虽然我国机床装备产值和产量连续十几年位居世界第一，但产品结构调整步伐缓慢、与用户工艺发展结合不紧密、国际市场需求增长趋缓等诸多因素导致机床产业重复建设现象严重，同时一些企业非理性投资和盲目建设致使生产成本刚性上升，致使低端产能严重过剩，高档产品商品化和产业化水平低下，国民经济重点领域发展所需的中高档数控机床与基础制造装备仍大量依赖进口。

4. 可靠性和精度保持性较低，阻碍了国产装备应用水平的提高

目前国产机床质量不稳定、可靠性不高，大部分机床的平均无故障工作时间尚未达到 2000h，精度保持性等指标与国际先进水平存在差距；国产机床、功能部件和数控系统间的匹配性不高，使机床整体可靠性、精度保持性较低。在高效加工方面，高速机床主轴转速接近国外先进水平，但机床进给运动的加速性能还有较大差距，缺乏机床动力学的基础研究，不能形成设计方法和设计

规范。机床动态响应性能、热变形补偿技术等研究不足，导致机床综合使用性能存在短板，机床的使用精度不高，精度保持性差。

5. 国产功能部件性能水平低，制约了装备应用水平的提升

国产功能部件无论从品种、数量、档次上都不能满足主机配套要求，国产中档配套功能部件市场占有率不足 50%；90% 的高端数控机床，95% 的高端数控系统、机器人依赖进口；工厂自动控制系统、科学仪器和精密测量仪器对外依存度达 70%；全数字高档数控装置，高速、高刚度大功率电主轴及驱动装置，大转矩力矩电动机及驱动装置，大推力直线电动机及驱动装置，双摆角数控万能铣头，大型刀库及自动换刀装置，高速、重载、精密滚珠丝杠及直线导轨，高速、精密数控回转工作台，全功能数控动力刀架，大型、精密轴承等大多依靠国外进口，关键功能部件的缺失严重阻碍了机床行业的发展。

6. 项目支持连续性不足，自主创新产品应用面临较大挑战

随着近年来制造业产业结构调整，经济下行压力增大，我国机床装备行业竞争加剧，企业经济效益下滑明显。部分专项产品完成研发后，有部分项目无法安排足够的验证/试错时间，导致创新产品存在较多问题，致使汽车等重点行业对国产中高档数控机床与基础制造装备信心不足，增大了专项成果向市场推广的难度。

第四节　国产装备应用情况分析与典型案例研究

一、新增国产装备应用分析

（一）应用情况

课题组向中国航天科工集团、中国航天科技集团、中国航发动力股份有限公司、上海航天精密机械研究所、上海航天设备制造总厂等 40 家企业征集了 2009—2017 年新增装备的应用情况数据，见表 2-13。可以看出，2009 年以来，新增国产装备台套数量占比达到 60% 以上。

科技重大专项实施 10 年以来，以航空航天等应用领域的需求为重点开展国产高端制造装备的研制、应用和示范推广，解决了部分高端工艺装备从无到有的问题，为降低航空工业对外依存度做出了重要贡献。但国产制造装备仍存在成熟度低、没有结合航空的特点做好工艺适用性、针对部分航空特殊需求国内尚无成熟设备等问题。

按 46 类重点装备分类来看装备国产化情况（见表 2-14 及图 2-19），可以看出，国产化率情况较好的重点装备类型，分别是：镗铣床，国产化率为 82%；

激光、电火花加工装备，国产化率为 81%；磨床和齿床，国产化率为 74%；基础制造工艺装备，国产化率为 77%。国产化率在 50%~60% 区间的装备是：五轴加工中心、车床及车削中心、弯曲折叠加工类装备，这些重点装备国产化率有待提升。国产化率：急需提升的重点装备是车铣复合加工机床，国产化率只有 33%。

表 2-13　2009—2017 年航空航天领域新增装备国产化率情况

年度	台套数量			购置金额		
	新增国产装备	总新增装备	占比（%）	新增国产装备	总新增装备	占比（%）
2009	56	79	70.89	11993.50	20739.80	57.83
2010	84	121	69.42	32606.84	48040.65	67.87
2011	30	40	75.00	7753.00	11105.29	69.81
2012	38	63	60.32	10849.10	22376.89	48.48
2013	47	57	82.46	21172.21	23021.12	91.97
2014	49	74	66.22	18657.10	38748.01	48.15
2015	42	65	64.62	14881.89	32236.52	46.16
2016	97	151	64.24	19289.80	38467.51	50.15
2017	63	77	81.82	12525.39	16366.51	76.53

表 2-14　重点装备国产化情况

装备分类	新增国产装备		总新增装备		国产化率情况	
	台套数量	购置金额/万元	台套数量	购置金额/万元	台套占比（%）	金额占比（%）
第 1~4 类设备（五轴加工中心）	22	7413.38	44	23575.21	50.00	31.45
第 6 类设备（车铣复合加工机床）	4	193663	12	6131.47	33.33	31.59
第 8 类设备（车床及车削中心）	18	2693.07	33	5984.88	54.55	45.00
第 10~24 类设备（磨床和齿床）	17	2490.86	23	4644.68	73.91	53.63
第 5 和 25 类设备（镗铣床）	14	8145.54	17	10472.37	82.35	77.78
第 26~29 类设备（激光、电火花加工设备）	13	1402.23	16	2305.95	81.25	60.81
第 45 类设备（弯曲折叠类设备）	13	1386.74	24	6683.6	54.17	20.75
第 44、46 类设备（基础制造工艺装备）	138	64670.35	179	84037.73	77.09	76.95

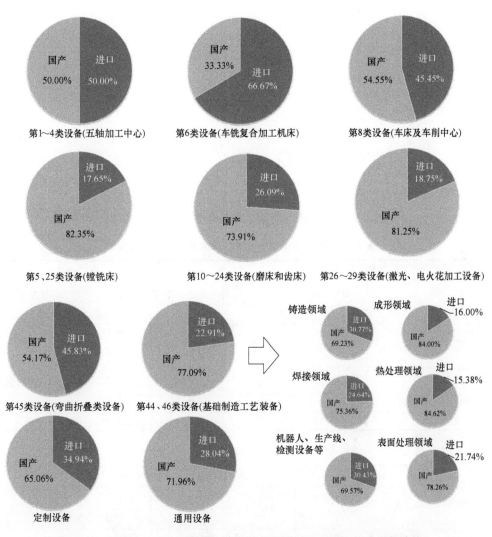

图2-19　（2009—2017年）重点装备国产化情况对比图（按台套数计算）

　　基础制造工艺装备共新增设备169台套，按铸锻焊热表基础制造工艺应用划分（见图2-20及表2-15），可以看到成形与热处理领域，国产化率较高，国内企业可满足这两大基础制造工艺84%的装备需求，铸造、焊接和表面处理领域的装备国产化率相对较低，但国产装备也达到了约70%的新增设备占比。

　　从各企业提供的数据来看，部分设备为定制的非标设备和通用设备，这些设备不计入46类重点装备清单中，对这些设备进行梳理。其中，铸造领域和焊接领域以及辅机装备定制设备国产化率约60%（见表2-16）。通用设备的国产化率（按台套数计算）达到70%以上（见表2-17）。

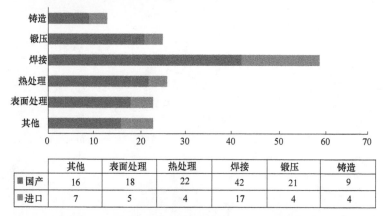

	其他	表面处理	热处理	焊接	锻压	铸造
■国产	16	18	22	42	21	9
■进口	7	5	4	17	4	4

图 2-20 基础制造工艺装备新增情况（按台套数计算）

表 2-15 基础制造工艺装备新增装备国产化率情况

分类	国产设备		总新增设备		国产化率	
	台套数量	购置金额/万元	台套数量	购置金额/万元	台套占比（%）	金额占比（%）
铸造	9	1881.26	13	4282.92	69.23	43.92
锻压	21	7840.75	25	11885.64	84.00	65.97
焊接	42	40590.89	59	49725.04	71.18	81.63
热处理	22	3465.93	26	5036.23	84.62	68.82
表面处理	18	4249.7	23	5955.4	78.26	71.36
其他	16	6641.83	23	7152.51	69.57	92.86

表 2-16 新增定制设备国产化情况

分类	国产设备		总新增设备		国产化率	
	台套数量	购置金额/万元	台套数量	购置金额/万元	台套占比（%）	金额占比（%）
	54	10666	83	19334.6	65.06	55.17
其中						
铸造	13	2861.24	20	5514.63	65.00	51.88
成形加工	4	1404.59	4	1404.59	100.00	100.00
焊接	8	3316.92	13	5175.17	61.54	64.09
其他	29	3083.25	46	7240.21	63.04	42.59

表 2-17 新增通用设备国产化情况

国产设备		总新增设备		国产化率	
台套数量	购置金额/万元	台套数量	购置金额/万元	台套占比（%）	金额占比（%）
213	48924.03	296	87931.78	71.96	55.64

2016 年航空航天领域新增设备的国产化情况见表 2-18。可以看出，从新增设备的台套情况来看，国产设备占比可以达到 50% 以上。从重点装备分类来看，2016 年，新增五轴加工中心 7 台套，4 台为进口装备，通用装备新增 63 台套，其中 19 台套为进口装备（其中 18 台套为一次性购入的五面体加工中心），其他类型重点装备的国产化率均能达到 67% 以上。与 2009—2016 年数据对比，重点装备的国产化率在总体上是有所提升的，但在五轴加工中心和复合加工装备方面仍有待提升。

表 2-18　2016 年航空航天领域典型企业新增国产装备占比情况

序号	用户企业	新增设备国产化情况（台套）			新增设备国产化情况（金额）		
		国产	总新增	占比(%)	国产/万元	总新增/万元	占比(%)
1	上海航天精密机械研究所	8	9	88.89	1386.93	1478.93	93.78
2	中国航发动力股份有限公司	9	10	90.00	821.80	920.00	89.33
3	中国航天科工三院239 厂	4	5	80.00	303.80	358.80	84.67
4	上海航天设备制造总厂	10	13	76.92	3548.25	4468.10	79.41
5	中国航天科技集团（8 家）	11	15	73.33	2477.00	4778.00	51.84
6	中国航天科工集团（24 家）	51	92	55.43	10151.43	22965.48	44.20

（二）近年来市场占有率接近或达到 80% 装备的优势分析

从用户企业调研表归集到 44 类装备在近几年市场占有达到 80%，见表 2-19。从用户企业对装备的评价和建议方面来看，这些装备的市场占有率达到 80% 的优势之处在于：

1. 装备水平国内领先，设备稳定可靠

济南二机床集团有限公司的 1000t、2000t 大型机械压力机，其装备水平国内领先，国际上也颇具影响力，设备稳定可靠，性价比高。

齐重数控装备股份有限公司生产的单柱立式铣车复合加工中心、DM-VTM2500×60/550L-NC 数控龙门移动式双柱立式车铣床、超重型数控卧式镗车床、超重型数控轧辊磨床，虽然稳定性仍需进一步提高，但目前装备的各项指标达到国际领先水平。

2. 成熟产品，认可度高

大族激光科技产业集团股份有限公司生产的光纤激光切割机，应用于金属薄板加工，最大定位速度 169m/min，切割 0.5mm 不锈钢速度达 100m/min，技术水平国际领先。

泰安华鲁锻压机床有限公司生产的 WES11K 超大型数控船用卷板机、高强度板料矫平机、WS11 大型水平下调式三辊卷板机，达到国际领先水平，产品在我国大连船舶重工集团有限公司、江南造船有限责任公司、渤船（大连）船舶工程设计有限公司、金海重工股份有限公司、武昌船舶重工集团有限公司、中远船务工程集团等大型船舶重点企业获得广泛应用，先后制造了首艘国产航母、首艘新型万吨级驱逐舰、核潜艇、原油轮等大型舰船船体。

表 2-19　市场占有率接近或达到 80% 的装备

序号	装备名称	装备规格
1	大型机械压力机	2000t,1000t
2	数控胀管机	胀管工件的长度 200～5000mm；壁厚 0.1～0.7mm；胀管直径 ϕ(7～15.88)mm；孔距 9.52～25.4mm；排距 12.7～22mm；胀管速度 ≤20m/min，回程速度 ≤25m/min；胀管最大力 ≥2.4t；控制方式：PLC 控制
3	数控龙门高速铸锭复合加工生产线	刀盘直径 ϕ3000mm，线速度 4000m/min，主电动机功率 1250kW，具有工件自动翻转、自动测量及加工余量控制、自动控制系统，最多可带 6 个铣削主轴
4	单柱立式铣车复合加工中心	最大加工直径 ϕ1600mm，最大加工高度 1000mm，最大工件重量 8t，铣轴最高转速 3000r/min，工作台端径向圆跳动 0.003mm
5	DMVTM2500×60/550L-NC 数控龙门移动式双柱立式车铣床	主要技术参数指标达到：最大加工直径 ϕ25000mm；最大加工高度 6000mm；最大工件重量 550t；工作台直径 ϕ10000mm；工作台径向圆跳动 0.02mm；圆柱度 0.02mm/300mm；C 轴分度精度 ±5″
6	超重型数控卧式镗车床	回转直径 3.5～6.3m，工件重量 100～400t
7	超重型数控轧辊磨床	磨削直径 3m，工件重量 260t
8	HB 系列数控往复走丝型多次切割电火花线切割机床	最大加工速度 300mm²/min，加工精度 0.007mm，表面粗糙度 Ra=0.6μm
9	MDH-80 卧式加工中心	行程：1400mm×1100mm×1050mm，X/Y/Z 轴定位精度：±0.0025mm/±0.0025mm/±0.003mm，X/Y/Z 快进速度：36m/min
10	WES11K 超大型数控船用卷板机	最大规格 40mm×21000mm，工件直线度 ±5/21000mm，上辊升降精度 ±0.1mm，下辊定位精度 ±0.2mm
11	高强度板料矫平机	最大加工能力 60mm×3000mm，矫平精度 1mm/m²，屈服极限 δ_s≤1500MPa
12	WS11 大型水平下调式三辊卷板机	最大加工能力达到板材规格：350mm/450mm×3500mm，上辊升降精度 ±0.15mm，下辊定位精度 ±0.2mm，卷圆纵向接缝均匀度 4.5mm
13	数控车床	回转直径 850mm
14	桥壳两端内孔精镗专机	精度 0.006mm

（续）

序号	装备名称	装备规格
15	磁流变抛光机	6 工位机械手,最大加工尺寸 ϕ180mm
16	全自动曲面抛光机	8 工位,自动化加工 2.5D、3D 玻璃
17	数控多面抛光机	实现异形及 3D 曲面抛光
18	五轴工具磨床	五轴加工精度:2μm
19	刀片磨床	磨削精度:3μm
20	数显落地铣镗床	TX6213A
21	激光切割机	激光器功率 4kW 以上
22	数控电火花线切割加工机床	500 mm×630mm
23	数控电火花小孔加工机床	500 mm×400 mm×300mm ,ϕ(0.2~3)mm
24	数字化无模精密成形机	1500mm×1000mm×400mm
25	小型立式加工中心	工作台尺寸:200mm×400mm,主轴转速:12000r/min
26	大型关键构件的摩擦焊设备	焊接厚度可达 50mm 的龙门式搅拌摩擦焊设备以及焊接厚度不大于 6mm 的机器人搅拌摩擦焊设备

（三）近年来市场占有率提升迅速典型装备的成功经验

从用户企业调研表归集到 47 家的 73 类装备在近几年市场占有率提升迅速,见表 2-20。这 73 种装备,涉及五轴加工、五轴联动叶片加工中心类装备、焊接及成套装备、旋转成形类设备、通用装备等。从用户企业对装备的评价和建议方面来看,这些装备的市场占有率能够得到迅速提升的原因在于:

1. 装备具有很强的专业性和针对性,立足细分市场

机械科学研究总院研制开发的数字化无模精密成形机与传统铸造相比,制造周期缩短 50%~80%,成本降低 30%~50%,精度提高 2~3 个等级,铸件减重 10%~20%,达到国际先进水平,拥有发明专利 40 项（美、日、欧等国际发明专利 19 项）,已在中航工业、航天科工、中国一汽、广西玉柴等 200 多家企业推广应用,在广西、山东、河南等地建成 13 个应用示范基地,生产、销售设备近 200 台。

泰安华鲁锻压机床有限公司生产的 WB12 全自动四辊卷板机,最大卷板厚度 160mm,最大卷板宽度 3500mm,下辊和侧辊升降同步精度±0.2 mm,工作辊的升降显示精度±0.1mm,卷圆后除合口处之外的圆弧误差±1.5mm,钢板合口两端误差±2mm,筒体径向成形精度±3mm,达到国际领先水平。国内核电、风电、高档舰船、核潜艇、桥梁等重点用户使用。

北京国药龙立科技有限公司的旋转成形压机（UO2 芯块制备用）（16 工位，130kN）是核燃料元件制造专用产品，国内两个核燃料元件制造厂均有采购。其水平接近比利时成形压机。

2. 装备的水平达到行业领先水平，适应性强，可广泛应用

济南二机床集团有限公司生产的大型全伺服冲压生产线等国内首台套产品，极大满足了国内外整车制造企业的需求，打破了长期以来行业内被德、日设备垄断的状况，并一举获得市场和技术双丰收，同类产品国内市场占有率达 80%，产品水平经行业专家鉴定达世界先进水平。

齐齐哈尔二机床（集团）有限责任公司生产的 CY1600J，其模具外上下罐体公称直径 1600mm，上下罐体行程 1200mm，保温炉坩埚铝水容积 650kg，保温炉双工位，可实现低压、差压铸造，装备的功能水平达到美国、保加利亚同类型产品水平，若配套件可靠性进一步提高，可提升装备的市场竞争力。

3. 虽然关键部件仍依赖进口，但装备总体水平达到国际领先水平

哈尔滨焊接研究院有限公司研发的大功率激光焊接设备（激光功率大于 6kW，配备焊接机器人），主要应用于航空航天、轨道交通、工程机械等领域，但关键激光器、数字化电源和机器人仍依赖进口。

表 2-20　市场占有率提升迅速的典型装备

序号	装备名称	装备规格
1	锻压机	工作台尺寸：1500mm×1200mm，公称力：20000kN
2	龙门五轴加工中心	联动轴数：5，工作台尺寸：4000mm×2000mm
3	AB 轴五轴加工中心	联动轴数：5，工作台尺寸：2000mm×2000mm
4	大功率激光焊接设备	激光功率大于 6kW，配备焊接机器人
5	焊接自动化成套设备焊接设备	具备典型产品环缝/纵缝自动化焊接能力
6	搅拌摩擦焊装备	焊接厚度 16mm，主轴最大焊接转速 4000r/min
7	旋转成形压机	16 工位，130kN
8	高速热冲压油压机	压力：1200t，快下：1000mm/s，快回：800mm/s，行程：1300mm
9	CK（W）61 系列大型数控卧式车床	回转直径 ϕ（1000~2500）mm，加工长度可达 1~30m
10	CK841 系列大型数控卧式轧辊车床	回转直径 ϕ（400~2500）mm，加工长度可达 1~16m
11	MK84 系列大型精密轧辊磨床	回转直径 ϕ（630~2500）mm，加工长度可达 3~16m
12	CY1600J	模具外上下罐体公称直径 1600mm；上下罐体行程 1200mm；保温炉坩埚铝水容积 650kg；保温炉双工位

（续）

序号	装备名称	装备规格
13	超重型数控卧式镗车床	回转直径 $\phi(3.5\sim5)$ m，工件重量 $50\sim200$ t
14	重型数控轧辊磨床	回转直径 $\phi2.5$ m，工件重量 $50\sim250$ t
15	HA 系列数控往复走丝型多次切割电火花线切割机床	最大加工速度 300mm²/min，加工精度 1.0mm，表面粗糙度 $Ra=0.8\mu$m
16	精密立式加工中心 VMC850	工作台尺寸 1000mm×500mm，工作台最大行程（X 轴）850mm，滑座最大行程（Y 轴）520mm，主轴最大行程（Z 轴）550mm
17	机械伺服数控转塔冲床	同时控制轴数：5，送料速度：X 轴 750m/mim、Y 轴 70m/min，加工精度：±0.1mm
18	五轴联动叶片加工中心 XKH800Z	最大装夹长度 800mm、A 轴最大回转直径 400mm；行程：X 轴 1350m、Y 轴 400mm、Z 轴 500mm、A 轴 360°、B 轴±45°
19	卧式四轴联动叶片加工中心 μ2000-630H	工作台面积 630mm×630mm；X 轴 1000mm、Y 轴 900mm、Z 轴 900mm；最大承载重量 1200kg；主轴转速 15000r/min
20	五轴联动叶片加工中心 KTurboM3000	最大装夹长度 3000mm；A 轴最大回转半径 350mm；行程：3550mm×700mm×600mm，行程满足加工要求；A 轴 360°、B 轴±50°；速度：X、Y、Z 轴最大 30m/min；A 轴最大 40r/min；B 轴最大 13r/min
21	大型六轴数控砂带磨机床 MK2600	夹持工作长度最大 2600mm；夹持叶片回转半径≥400mm；夹持工件重量≥200kg；行程轴最大 2600mm×550mm×520mm；A 轴回转连续 360°；B 轴摆动±50°；C 轴扭转范围：±195°
22	桥式五轴龙门加工中心 XHV2525×50	工作台面积 2500mm×5000mm；工作台承载重量 10000kg/m²；龙门宽度 4350mm；X 轴 5500mm、Y 轴 3000mm、Z 轴 1250mm、A 轴±110°、C 轴±360°
23	WB12 全自动四辊卷板机	最大卷板厚度 160mm，最大卷板宽度 3500mm，下辊和侧辊升降同步精度±0.2mm，工作辊的升降显示精度±0.1mm，卷圆后除合口处之外的圆弧误差±1.5mm，钢板合口两端误差±2mm，简体径向成形精度±3mm
24	卧式加工中心	工作台尺寸 125mm×160mm
25	8 连杆机械压力机	公称压力 25000kN
26	搅拌摩擦焊装备	焊接厚度 16mm，主轴最大焊接转速 4000r/min
27	五轴联动加工中心	定位精度 0.008mm，重复定位精度 0.005mm，旋转轴定位精度 8″，重复定位精度 5″
28	KToolG 系列五轴工具磨床	全面配套自主研制的关键功能部件及五轴磨削软件工艺系统
29	YKS7225 数控蜗杆砂轮磨齿机	工件直径 $\phi(12\sim300)$ mm，模数 $1\sim4$ mm，螺旋角±45°，齿数 $12\sim260$，齿宽（直齿最大）180mm，砂轮线速度：≤80m/s，磨削精度 GB/T 10095—2008 标准 4 级，生产效率：对汽车齿轮磨削时间≤1min。

（续）

序号	装备名称	装备规格
30	YKZ7230 数控蜗杆砂轮磨齿机	最大工件直径 ϕ（200～300）mm；工件模数 0.5～4（6）mm；工件齿数 5～300；工件压力角 15°～25°；工件螺旋角±45°；工件齿宽 300mm；汽车齿轮平均磨削时间≤1min，磨削精度稳定在 4 级（GB/T 10095—2008）
31	QMK50A 五轴联动叶片数控磨床	最大叶片长度 500mm，最大叶片宽度 200mm，叶身 0.03mm，叶片前后缘 0.05mm，表面粗糙度 Ra≤0.4μm
32	VTM80 立式铣车复合加工中心	工作台直径 ϕ800mm，工作台承载能力 1200kg，工作台转速范围 600r/min，X/Y/Z 轴进给速度 1～60000mm/min，铣削主轴最大转速 12000r/min，工作台分度（C 轴）360°任意
33	QMK012 扇形齿磨床	工件直径 ϕ（50～320）mm，工件长度 350mm，法向模数 6～12mm，扇齿齿数 3～5 牙（6～10 个齿面）、齿宽 100mm，加工精度：5 级（GB/T 10095—2008）

二、典型案例

（一）25m 数控重型立式铣车床

在该设备投入使用前，重庆水轮机有限公司的水轮机顶盖等大型零件的传统加工方法是将零件单件在划线平台上组合成整圆连接，划线后吊到立车上校正装夹，对零件的内外圆进行加工，车削后从立车吊到划线平台上进行划铣镗的加工位置线，再将零件拆为单件，分别将各零件吊在大型数控龙门铣镗床上加工，待全部加工完后再将零件组合成整圆并连接进行最终检验，一旦有精度不合格项目，还需要重复上述过程。该 25m 立车设备投入使用后，可以实现大型零件一次装夹，完成外圆、内孔、端面的车削工序，以及钻孔和攻丝等全部工序，最终检验完成后从立车吊下零件即可。特别是在强力切削方面表现尤为突出，完全能够满足重庆水轮机有限公司主大件的特殊加工需求。该立车能实现大型盘类零件的特殊加工，不仅节约了大量的零件起吊、周转和重新定位及装夹时间，从而大大缩短了生产周期，更保证了零件加工精度。仅水轮机盖一个零件就减少 317h（15 天）的加工时间，节约加工费用至少 9.6 万元，大大提升了重庆水轮机有限公司的产值和缩短了产品的交货周期。25m 立车刚度高，切削力大，机床运行稳定，故障率极低，可靠性极好，已成为重庆水轮机有限公司全面提高关键部套零件的加工精度和机组整体质量的把关性设备，成为重庆水轮机有限公司乃至西南地区不可或缺的标志性加工设备。

在未来的几年里，随着水电行业的发展，迟早要实现 300MW 及以上水轮机发电组的开发及制造。这台 25m 立车将成为产品发展的重要保障性设备，营造重庆水轮机有限公司在水轮机行业的引领地位和绝对优势。该设备如图 2-21

所示。

图 2-21　25m 数控重型立式铣车床

（二）五轴联动镗铣加工中心优化和工艺适应性研究

近两年来，大连光洋科技集团与航天三院 31 所开展合作，就国产五轴联动镗铣加工中心设备开展了优化和工艺适应性持续研究，主要生产自主化率高达 85% 的五轴数控机床，包括五轴立式铣车复合加工中心、五轴卧式车铣复合加工中心、五轴工具磨床等。这批设备在结构刚性、可靠性、加工精度等方面表现出色，关键指标达到国际先进水平，已实现与国际高端数控机床"并跑"；在设备成本上保持 30%～50% 的巨大优势，可替代进口，是我国首条航空航天数控加工生产线，从数控系统到功能部件全都打破了国外供应商的长期垄断。同时也是民营企业生产的五轴五联动设备首次进入我国航天领域并获准推广，是军民融合的代表。

（三）大型复合材料铺带机

中航工业北京航空工程制造研究所开发了用于翼面类结构的大型复合材料铺带机，该装备实现了国内大型复合材料自动铺带机自主研制零的突破。设备最大可铺叠结构尺寸 6.5m×20m，通过大型复合材料构件自动铺带工艺技术研究，满足复合材料翼面类结构构件自动铺带工艺要求，并通过验证件制造，解决型号工程应用中的自动铺带工艺难题，为大型复合材料构件自动铺带综合技术应用奠定了基础。

（四）汽车冲压生产线

济南二机床集团有限公司以国家实施科技重大专项为契机，在企业多年技术积淀基础上，进行汽车整车制造首道工序冲压工艺成线产品的全面研发。自 2009 年以来，先后成功研制出大型快速高效数控全自动冲压生产线、大型多工位压力机、大型伺服压力机、汽车车身大型智能冲压生产线、大型全伺服冲压生产线等国内首台套产品,极大满足了国内外整车制造企业对快速制造的需求,打破了长期以来行业内被德国、日本设备垄断的状况,并一举获得市场和技术双丰收,同类产品国内市场占有率达 80%,产品水平经行业专家鉴定达世界先进水平。2011年以来,济南二机床集团有限公司连续六次先后赢得福特汽车公司美国本土 4 个工厂、9 条冲压线共计 44 台不同规格的冲压设备订单,囊括了福特汽车公司美国本土工厂的全部新增冲压设备,彰显了中国制造新形象(见图 2-22)。

图 2-22 汽车冲压生产线

(五) 大型立式开合核电转子热处理炉

中国第一重型机械集团公司联合北京机电研究所研发的大型立式开合热处理炉,其主要技术参数为:炉膛工作区尺寸为 $\phi3000mm \times 18000mm$,使用温度为 900~1100℃,最高工作温度为 1100℃,大型立喷淬火机构技术指标最大负荷为 350t(工件为热态),淬火冷却介质为水、风、压缩空气。该设备用于进行百万千瓦级核电转子热处理,可处理单件 300t 轴类件。该课题是国家"高档数控机床与基础制造装备"重大专项课题,被列为国家数控专项的十大标志性设备,鉴定评价为重大原始创新,国际领先。

开合式热处理工艺和设备在专项支持的研究基础上,在完善开合炉功能、提高可靠性方面,继续开展了超大工件热处理短流程工艺、炉体高精度差温加热、自动出炉转移、淬火系统分区变径、工件全表面淬火烈度自动智能调整、旋转工件表面敷偶信号无线传输、工件性能高均品质方向的研究工作。在开合式加热设备进一步应用于超大型核电转子(800t 钢锭/450t 工件)的基础上,将在其他长轴类管件热处理工艺上和设备关键技术提升上继续进行技术突破,实现在高精度炮管、大口径焊管自动喷淬方面替代传统炮管水淬油冷工艺,达到工件产品变形小、性能可控、产品质量一致性高、处理过程环保的效果。

（六）大型厚板构件搅拌摩擦焊

通过"大型关键构件搅拌摩擦焊设备"项目的实施，使现有雷达面板的拼焊全部实现了由传统熔焊到搅拌摩擦焊的升级换代。相比传统熔焊（多层多道焊接），搅拌摩擦焊接仅需正反两道即可达到厚度要求，焊接完成后一次拍片检验，减少了层间拍片检验与反复热处理，效率提高了10倍以上。目前雷达面板搅拌摩擦焊接一次合格率接近100%。项目的研究成果解决了我国超大幅面雷达面板、大型卫星平台制造等关键构件的制造瓶颈，为我国大厚度关键构件的高可靠制造提供技术支撑，形成以雷达面板为代表的厚大构件搅拌摩擦焊示范应用平台，相关装备与工艺技术引领厚大构件走向绿色、高效和高可靠制造。

（七）复杂空间站舱体变极性等离子弧自动化焊接

变极性等离子弧焊接电源、空间曲线焊缝变极性等离子弧穿孔立焊机器人焊接系统、纵缝和环缝焊接装备及穿孔立焊工艺等关键技术和装备，已经成功应用于货运飞船约3.5m直径的大型铝合金密封舱体的柱段、锥段结构全部焊缝的焊接制造中，焊接后舱体结构均通过了密封试验和力学试验考核，各项指标满足设计要求。目前正应用于我国空间站核心舱（最大直径约4.2m）、实验舱Ⅰ、实验舱Ⅱ的密封舱体研制中，保障了国家重大工程的顺利实施。

（八）运载火箭大型贮箱精准化装配与自动化焊接装备

研制出的运载火箭大型贮箱精确化装配与自动化焊接装备，已经实现5m直径大型薄壁贮箱整体焊接装配与自动化焊接的生产，形成具有自主知识产权的理论和技术成果，为新一代无毒、无污染、高性能和低成本运载火箭的研制生产提供技术和装备保障。运载火箭大型贮箱精准化装配与自动化焊接装备的研发成功，大大推动了我国新一代长征五号火箭的研制进程，突破了国外对大型运载火箭贮箱制造技术和装备的封锁，使我国运载火箭的综合性能跃居世界一流水平，极大提升了我国航天制造水平和制造能力。针对载人航天、高分、高超和重大装备等重大专项的迫切需求，研制了焊接、高温铸造和自动化装配等装备。国内首台、世界最大的150MN充液拉深装备完成四角拼焊板充液拉深成形，并制备出合格的3800mm直径火箭整体箱底。搅拌摩擦焊接装备已全面应用于运载火箭主体结构制造，并完全替代进口。形成"运载火箭大型特种制造装备""航天结构件高档数控加工示范应用"等亮点。

（九）800MN大型模锻压机及新工艺、新方法平台

中国第二重型机械集团公司在"800MN大型模锻压机的研制"中突破了重大装备设计、制造、安装、调试的技术瓶颈，实现了我国重大装备设计制造技术的跨越和升级。形成的关键技术和主要创新点主要有：①集机电液于一体的800MN大型模锻压机巨系统的总体设计技术；②整体刚度强、导向平稳、可靠

性高的 C 形板组合机架结构设计及制造技术；③高可靠性、响应灵敏、高精度的同步系统设计和制造技术；④整机压制速度和压制力的精确控制技术；⑤特大铸件（758t 钢液）的冶炼、多炉合浇、凝固控制技术；⑥大壁厚（700mm）缸体锻造和焊接技术等。压机的同步精度、速度精度、位置精度均超过国外同量级模锻压机，处于国际领先水平。中国第二重型机械集团公司的 800MN 大型模锻压机 2013 年 4 月份投产以来，通过该装备新开发的产品涉及 C919 大型客机、大型运输机、第四代战斗机、CJ-1000 商用发动机、新型海陆直升机、20 航空发动机、GT25000 燃气轮机等重点项目。产品种类已达 22 个系列、200 多项，共计生产 6000 多件产品，累积产值已达 9 亿多元。800MN 大型模锻压机提高了我国国防工业、机械制造工业的综合生产能力及技术发展水平。突破了重大装备设计、制造、安装、调试的瓶颈，促进了我国重大装备在设计制造方面的可持续发展。800MN 大型模锻压机促进了大型复杂模锻件的国产化，提高了我国大型模锻件的制造能力，为我国航空模锻件研发、制造示范基地的建设提供了研发平台和保障平台，为航空工业等装备工业实现跨越式的发展和国家安全战略奠定了坚实的装备基础（见图 2-23）。

图 2-23　800MN 大型模锻压机

（十）复杂铸件无模复合成形制造方法

铸造是最重要成形工艺之一，从汽车、航空航天到日常生活都需铸件，汽车铸件超过 24%。我国铸件产量连续 15 年世界第一，2015 年超过 4500 万 t。但我国铸造工艺落后，劳动强度大，数字化水平低，能耗是发达国家 1.5~2 倍，污染物排放是 3~5 倍。汽车与航空发动机、航天器结构件等急需的铸件尺寸大、形状复杂、壁厚悬殊、铸型制作难度大，需十几套至几十套模具翻制，尺寸精度难保证，一些好的结构设计无法造型，成为航空航天等重大工程开发和创新的瓶颈。高质量铸件离不开好砂型，约 6000 年历史的铸造仍通过木模、金属模等翻砂造型，急需铸造技术突破和创新。

机械科学研究总院单忠德课题组针对复杂铸件有模制造成本高、周期长、精度及性能差等问题，发明了一种砂型曲面柔性挤压近成形、切削净成形等构建铸型的无模铸造精密成形方法，解决了大型砂型/芯整体精确制造难题，实现了数字化高精轻量化铸造（见图 2-24、图 2-25）。经 6 年创新研究和上万小时刀具成形试验，完成 7 类设备、软件开发和 3000 多种零件应用，同时发明了适用于复杂铸件的复合铸型及型砂材料配方、砂型/砂芯挤压切削一体化复合成形工艺、大长径比空心立铣刀、砂型柔性挤压成形机、系列化无模铸造成形机等关键装备及控制软件系统，创建了数字化无模铸造岛，可用于树脂砂、覆膜砂等多种铸型制造，成形尺寸 5000mm×3000mm×1000mm。这一工艺数字化技术与传统铸造比时间缩短 50%～80%，成本降低 30%～50%，精度提高 2～3个等级，铸件减重 10%～20%（见表 2-21）。

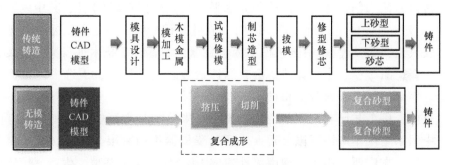

图 2-24 无模铸造工艺数字化短流程工艺示意图

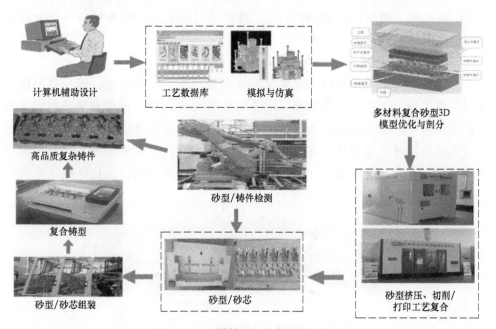

图 2-25 无模铸造工艺数字化示意图

表 2-21　无模铸造工艺数字化优势对比

类别	原砂型铸造方法	本项目	对比结果
制造方法	多套模具翻砂造型	无模铸造复合成形	短流程高质量
铸型技术	单一材质铸型	多材质复合铸型	形性精确匹配
制造周期	100%	<50%	缩短 50% 以上
制造精度	CT11~CT13	CT8~CT10	提高 2~3 个等级
铸件重量	100%	80%~90%	减重 10%~20%
制造成本	100%	30%~70%	降低 30% 以上
作业环境	劳动强度大，工况恶劣	自动化清洁生产	数字化绿色铸造

目前，该原创技术处于国际领先水平，共获授权专利 50 件，其中发明专利 36 件（美、日、欧等国际发明 16 件），软件登记 8 项，制定企业标准、规范 12 项，发表论文 55 篇。获中国机械工程学会绿色制造科学技术进步奖一等奖、国家重点新产品 2 项、中国铸造协会首届铸造装备创新奖等，入选中国机械工程学会近年来机械工程科技取得的 10 项重要进展。

目前，该工艺已在中国航空工业集团有限公司、中国航天科工集团有限公司、中国第一汽车集团有限公司、广西玉柴机器集团有限公司等 100 多家企业推广应用，在广西、山东、河南等地建成 10 个应用示范基地，生产、销售设备 69 台，出口西班牙 1 台，应用于发动机缸体缸盖、机匣等制造，获直接经济效益 17.89 亿元，间接效益 47.42 亿元，对促进航空航天、汽车船舶等产业绿色制造创新发展具有重要战略意义。

（十一）数字化智能化焊接成套装备

大口径厚壁油气钢管以其壁厚大、材质好、加工工艺稳定，成为目前国内外大型油气输送工程的必选钢管。中油宝世顺（秦皇岛）钢管有限公司、中石油华油钢管公司、中石油巨龙钢管公司、宝鸡钢管克拉玛依有限公司等四家单位以机械科学研究总院哈尔滨焊接研究所为技术依托，成功实施了智能化焊接工程，实现了大口径厚壁油气钢管优质高效预精焊数字化智能化焊接技术的突破及成套装备的示范应用（见图 2-26）。

图 2-26　精焊成套装备

　　该套预精焊成套装备主要涉及数字化智能化焊接、传感检测与熔合、激光跟踪、内焊机头、细长悬臂及大电流焊枪设计、数字化智能化焊接质量检测与生产在线管控等几十多项技术，开发难度大，装备复杂度高，设计困难。项目研发团队历经十五年产学研合作，进行了优质高效数字化焊接技术、预精焊成套装备关键技术与生产过程质量保障系统等研究与开发，显著提升了我国焊管行业科技水平，保障了能源管网建设的健康发展，极大地推动了我国焊管行业国际竞争力，促进了我国焊管技术装备在国际上的影响力，焊管质量已完全满足美国、荷兰等多国油气钢管技术标准要求。

　　哈尔滨焊接研究所针对大电流、高速 MAG 预焊易产生驼峰焊道的缺陷，提出了深潜电弧工艺综合控制方法（见图 2-27、图 2-28）。同时，针对埋弧精焊多电弧、共熔池、强磁场工况条件下电弧间相互干扰增强、焊接质量变差的问题，开展相关研究，揭示了钢管内焊多弧交直流电磁干扰耦合规律，提出了丝极非等距排列方法与电流相位匹配原则，研发出了数字化控制系统。该项技术的突破，实现了 6m/min 高速 MAG 预焊，有效抑制了驼峰焊道的产生；实现了 4h 以上不停机连续大电流（500～1000A）MAG 焊接，满足了"1 预+4 精"优质高效焊管生产要求；实现了厚壁钢管内/外焊缝各一道埋弧精焊完成，满足美国石油协会、荷兰壳牌、我国 GB/T 9711 等油气输送钢管标准。

 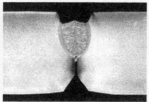 

a) 预焊过程　　　　　　　b) 预焊缝截面　　　　　　　c) 预焊缝外观

图 2-27　气钢管优质高效关键焊接

 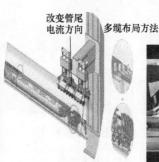 

a) 六弧共熔池埋弧焊接　　　b) 多弧共熔池防干扰技术　　　c) 强磁场工况焊接

图 2-28　高效焊接技术

同时，项目组采用激光跟踪技术，研发出了"焊缝位置与焊接机头""焊接机头与螺旋驱动"双闭环反馈数字化控制系统，解决了高速焊接精准对中问题；基于直线上料、螺旋传送、精准定位、内外焊起收弧、成品送出等数十项传感信息的提取与融合，开发出钢管精焊全过程"一键式"数字化操控系统，实现了一体化焊接。通过该项技术的应用，采用变截面、预弯曲、等弯矩等设计措施，研制出 18m 长单悬焊接的内焊悬臂；研发出了系列成套多丝内焊机头，解决了功能多、结构紧凑的设计难题，研制出了系列成套预精焊装备（见图 2-29）。

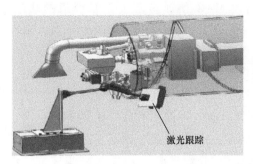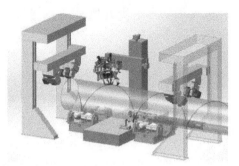

激光跟踪

图 2-29　成套设备三维图

另外，针对焊管生产现场射线实时检测低效、漏检、误报问题，发明了射线动态成像时空域变换处理新方法（见图 2-30）。针对全焊缝动态超声检测跟踪稳定性差的问题，提出了焊缝超声自动检测的机器视觉自动导引新方法（见图 2-31）。该项技术的创新突破取得了一系列显著的科技成果：研发了基于射线动态图像在线处理的双面焊缝内部缺陷实时检出与自动报警系统，应用于焊管生产；研发了全焊缝超声自动检测视觉导引系统，满足焊管生产在线检测要求；研发了具有自主知识产权的油气焊管生产在线管控系统，支撑焊管生产全流程工艺和其中的各个生产与检测环节。

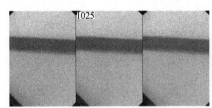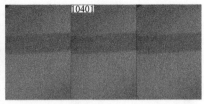

图 2-30　焊管射线动态成像

该项目的示范应用为相关单位带来了生产效益的显著提升。中石油华油钢管公司加快了质量信息的在线流转，显著释放了产能，高档钢管生产效率提高 17% 以上，焊管质量一次通过率由 71.17% 逐年提升至 93.66%。中石油巨龙钢

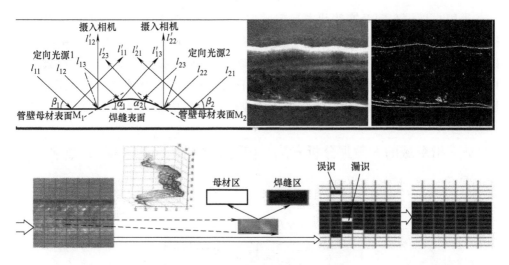

图 2-31　焊缝超声自动检测的机器视觉图

管公司焊接质量及设备性能达到德国 U&S 公司的水平，内焊机头跟踪可靠性、可调方便性、适应管径范围优于进口机头。中油宝世顺（秦皇岛）钢管有限公司的螺旋精焊自动化数字化生产线负荷试车一次成功，创造了国产螺旋精焊"一键式"数字化、自动化生产线精焊项目设计、装备开发、系统集成、安装调试的新纪录。此外，项目成果极大地提升了我国预精焊钢管技术水平，使我国继德国、意大利之后成为世界上第三个具有设计建造优质钢管成套装备的国家。以此项目为依托，中国与哈萨克斯坦合作建设亚洲钢管公司（ASPC），与世界著名预精焊装备制造企业意大利达涅利集团（Danieli）和德国西马克梅尔集团 PWS 公司同台竞标，以总分第一中标（3574 万元），有效推动我国装备走出去及"一带一路"倡议的落地生根。

（十二）　高性能数控系统关键技术及产业化

目前，华中数控"高性能数控系统关键技术及产业化"智能制造数控系统成功已搭建了数控系统云服务平台和云计算结构数控系统。2015 年，华中数控与东莞劲胜精密合作建立国内首个"移动终端金属加工智能制造示范"项目，该项目是工信部 2015 年 46 个智能制造示范专项之一。该项目有 180 台配华中数控系统的高速钻攻中心、72 台华中数控机器人，组成 10 条自动化生产线，还集成了华中数控大数据中心和云服务平台，在全国率先实现了国产数控系统、国产工业机器人、国产机床装备的"三国"智能技术集成和规模应用，实现"国产装备装备中国 3C 制造业"的格局，为"中国制造 2025"战略在我国制造业的推进形成典型示范起到了良好的促进作用。

云服务平台通过数控设备联网，机床大数据采集、存储及分析等关键技术，为用户提供车间及产线状态远程监控、机床加工过程监控（机床位置、坐标信息、PLC 信息、寄存器信息、程序信息等）、统计分析（机床利用率、开机率、运行率、故障率、加工率）、参数管理（数控系统参数、通道参数、用户参数等）、健康诊断（机床故障诊断、日志分析等）、智能优化（程序仿真、加工优化等）、开放式 API、智能应用集成等云服务功能（见图 2-32）。

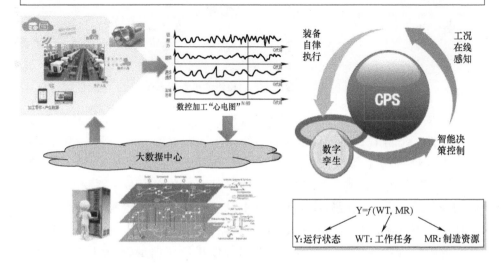

图 2-32　华中数控云服务平台数控系统示意图

　　东莞劲胜精密组件股份有限公司主要为国际手机行业生产塑胶结构组件。随着手机多品种新趋势的出现，劲胜精密和很多制造企业一样，面临外部竞争压力和内部生产模式挑战。现实情况是一款手机壳，三个月可能就要换材质和款式，企业新的模具刚上马，用不到几月可能就跟不上节奏。面对快速变化的消费市场，劲胜精密以智能制造来应对挑战，使生产过程更加智能化、生产线更加柔性化。通过一系列智能化改造，以前的生产线只能生产 1 种产品，现在生产线能同时有序生产 9 种产品。平台采用 HTML5. WebSocket 等网络技术实现web 应用的数据可视化和跨平台操作，用户可以通过计算机、手机、平板电脑等设备实现与云服务平台的远程交互。同时与平台集成的产线控制器实现了数控系统、数控机床、车间生产线、车间信息化管理软件（DNC、MES、ERP、PLM、CAPP、CAD/CAM 等）之间的数据互联与共享，构成了智能制造和智能生产的服务支撑平台（见图 2-33）。

图 2-33　东莞劲胜-国家智能制造示范工厂

（十三）重型发动机缸盖数字化铸造车间

发动机缸盖是我国汽车、船舶、动力装备等工业发动机的关键零部件，工业发达国家已实现从制芯到铸件清理全过程的数字化智能化控制和远程监控，而我国的发动机缸盖铸造过程仍处于机械化阶段。受广西玉柴机器集团有限公司委托，机械科学研究总院对其重型发动机缸盖进行了数字化车间关键技术的开发，建成年产 60 万台中重型发动机缸盖数字化铸造车间（见图 2-34），推进了铸造设备国产化，促进了铸造行业生产设备的升级换代和数控化智能化。

图 2-34　中重型发动机缸盖数字化铸造车间

通过对金属配料及铁液熔炼系统、型砂配制及制型/芯系统、铸件定量浇注系统、铸件柔性清理系统、铸件缺陷检测及质量评定系统、数字化铸造专家系统、物流跟踪及生产决策管理系统以及环保系统的研制应用，实现从制芯、造型到铸件清理全过程的数字化智能化控制和生产（见图2-35）。

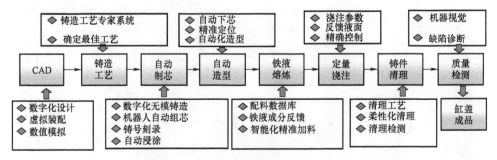

图 2-35　数字化智能铸造车间生产流程

该车间由七大系统组成，主要包括：

1. 型砂配置及造型制芯系统

本系统由冷芯盒制芯系统、通过式砂芯涂料表干炉、数字化无模铸造成形机等组成，通过机器人取芯、测量、浸涂、钻孔、搬运、激光打标等工艺过程，实现砂型配置及造型制芯全自动化生产，采用数字化无模铸造成形机完成对缸盖新产品试制工艺验证，缩短了产品设计和试制周期。

2. 金属配料及铁液熔炼系统

该系统由熔炼检测系统、配料数据库、浇注数据库等组成。在铁液熔炼过程中，通过铁液成分检测装置测定各元素含量，并将检测结果发送到配料服务器中，与铁液工艺专家数据库的配方数据对比，将计算结果发送至服务器；控制系统根据服务器的计算结果，控制合金称量系统将各合金加入加料车中，同时吸盘控制系统将铁锭加入振动加料车中，由加料车将调整成分的材料加入中频熔炼电炉中，从而实现配料熔炼过程的智能化。

3. 铸件定量浇注系统

由浇注机、浇注包、浇注数据库、红外检测系统等组成，实现了自动识别铸件、自动匹配浇注工艺完成浇注，同时在浇注过程中监视浇注状态和浇注过程，实时控制浇注质量。

4. 铸件柔性清理系统

由落砂机、抛丸机、四面磨、铸件自动化清理系统、铸件防锈处理系统组成，通过对铸件进行落砂清理、表面粗抛清理、磨削清理、铸件内腔清理、防锈处理等工序，达到缸盖铸件内部残留物含量在250mg以下、铸件披锋高度不大于 2mm 等质量要求。

5. 铸件缺陷检测及质量评定系统

由于机器视觉的铸件表面缺陷算法和铸件质量评定系统组成，实现了铸件表面缺陷、硬度一体化在线检测，铸件在线缺陷检测（见图 2-36）。

图 2-36　发动机缸盖铸件智能检测系统及多参数检测界面

6. 数字化铸造专家系统

由服务器、铸造工艺参数库、浇注系统数据库、冒口补缩系统数据库、造型材料数据库、金属熔炼数据库、铸件材料数据库和推理机等组成。实现了数据库、知识库、推理解释机制相结合，以解决对现场工序的咨询与操作指导（见图 2-37）。

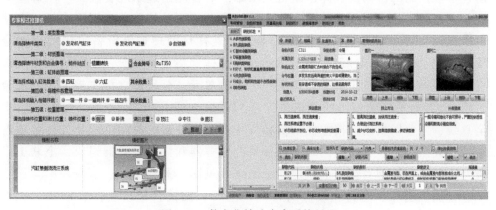

图 2-37　数字化铸造专家系统界面

7. 物流跟踪及生产决策管理系统

通过 RFID、WSN、PROFINET 和生产控制中心（PCC）等软硬件系统将生产过程检测和多种智能技术结合，在此基础上构建物流跟踪、生产决策管理平台，对生产过程各个环节和关键/重要零部件进行实时跟踪，掌控生产节拍及提供相应生产物流支持，记载生产过程的数据和零部件数据，为生产决策、质量控制、分析及追溯提供基础。

该车间建成后能够适应 20 种不同机型缸盖的生产，生产效率 70 型/h，工艺出品率可达 75%~85%，综合废品率为 2%~4%，铸件精度可达到 CT8~CT9 级。车间能够实现缸盖制造生产在造型、制芯、组型/芯、熔炼、合箱浇注金属件整个过程各环节中的数字化和智能化，大大减少了人为因素的影响，节约了劳动力，铸件精度高，表面质量好，减少了铸件的加工余量，降低了原材料、能源消耗，达到国际先进水平。

（十四）汽车零部件数字化智能化锻压车间系统

曲轴是发动机的核心零件，几何精度和内在性能要求极为严格，属于最难成形的复杂锻件之一。桂林福达重工锻压公司是我国专业化曲轴生产企业，年产曲轴 100 万件，产品涵盖乘用车、商用车、载重车。福达重工锻压公司以北京机电研究所为技术依托，成功实施锻压车间智能化改造，综合生产效率提升达到 38%。

项目实现智能化的技术路线是：通过实施全流程的智能传感检测，实现各工序（状态、工艺参数、控制结果）的定量化（数字化）；在定量化基础上，实现生产过程可视化、可追溯，进一步建立锻压可量化全生命周期数字档案；在定量化基础上，建立工艺过程优化的锻压专家系统，实现锻压工艺的持续改进和知识积累；在定量化基础上，建立车间制造管理系统，实现生产组织的灵活、系统控制的协同及故障诊断与健康维护。智能制造系统管理工厂全部 4 个锻压生产单元从上料到成品的完整生产流程，检测并控制热模锻压力机、自动辊锻机组、切边整形机组、六轴机器人、悬挂热处理炉等设备组成的生产全线，实现了锻压生产过程的无人化操作。整体网络由现场级、车间级、工厂级三级网络构成。现场级网络针对每一个制造单元，分别建立由主控 PLC、安全 PLC、监控计算机为核心的制造单元主控系统，再由 PROFIBUS 现场总线、安全总线、工业以太网连接主控系统和每一个单机设备的控制系统及各种传感器和现场分操作站。车间级网络由各种系统服务器和数据服务器组成，上联工厂级网络的生产管理系统，下联现场级网络（见图 2-38）。

智能检测环节均为在线实时检测，主要包括锻件温度检测、设备力能检测、锻件位置检测、模具温度检测、模具型腔检测、喷雾润滑参数检测、安全监控等，全线智能检测环节如图 2-39 所示。

关键技术包括：基于辐射测温技术检测锻件平均温度；基于红外成像检测模具各部分温度；基于激光对射法实现锻件粘上模检测；基于机器视觉技术，经过滤光-特征提取-噪点剔除-对比分析实现锻件位置偏差检测；基于结构光的三维检测技术重建磨损后的三维模型，比对磨损前的数据模型得出磨损部位和

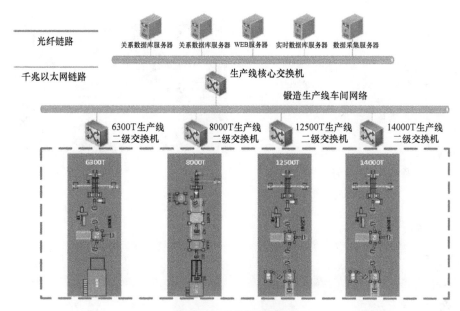

图 2-38　系统硬件架构

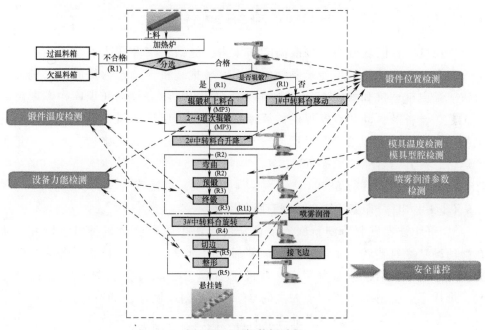

图 2-39　现场数据采集

程度，从而判断是否修模及推测模具剩余寿命（见图 2-40）。

采集到的现场数据实时上传数据库，为质量追溯系统、锻压专家系统等功能和子系统提供数据基础。质量追溯系统采用虚拟编码技术，可追溯每个锻件

a) 基于激光对射法的粘上模检测

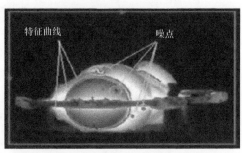

b) 基于机器视觉技术的锻件位置偏差检测

c) 基于红外成像的模具温度检测

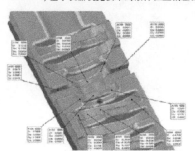

d) 基于三维检测技术的模具磨损检测

图 2-40   在线非接触检测关键技术

的出炉温度、辊锻轧制力、预锻温度和压力、终锻温度和压力、切边温度和压力等关键工艺参数。锻压专家系统由知识库、推理机、动态数据库和人机界面组成。经由推理机和解释器分析现场数据，找出故障点，从知识库中索取由锻压工艺、设备及自动化专家提供的故障解决方案。所做决策经由现场总线发给执行机构，并将推理结果同时反馈给专家。智能制造模式实施后，经过一年生产运行，提升综合生产效率 38.28%，能耗降低 51.78%，减少人员 42.9%；锻件位置检测系统共进行 38804 次识别，误判 3 次，准确率为 99.99%。

（十五）3D 打印暨先进制造创新服务平台

3D 打印暨先进制造创新服务平台是由潍坊市政府联合机械科学研究总院在潍坊高新区打造的一个以装备复杂零部件的研发、生产、技术服务为主要服务模式的省级公共创新服务平台。建设于 2014 年，累计固定资产超过 5000 万元，形成了一支由单忠德院士为主的 25 人青年创新团队，拥有生产设备 50 余台套，服务内容涵盖金属件及非金属件快速制造、逆向工程及数值模拟、产品轻量化设计、非标装备研发及生产、车间级控制系统开发以及智能制造整体解决方案等。目前平台累计服务企业超过 500 家，累计营业收入 5763 万元，间接为企业节省技术及产品开发成本超过 1 亿元。承担省部级项目 3 项，累计获得国家及地方支持超过 1 亿元，连续三年营业收入增长率超过 100%。平台将继续携手各位专家、企业家共同服务地方经济增长。

（十六）云制造服务平台

云制造系统是实施"工业云"的一种制造模式和手段。一方面，它提供了一种以用户为中心、以"产品+服务"为主导、制造过程全生命周期/全系统随时随地按需构建与运行的互联化、服务化、个性化、柔性化的智慧制造模式；另一方面，它提供了一种新的制造业技术手段，主要包括"数字化、物联化、虚拟化、服务化、协同化、定制化、柔性化、智能化"等八个特征。

构筑"内创+外创"联合模式，推动大中小微企业协同发展和内外部创客协作创新，涉及工业制造、智能交通、基础材料、医疗健康、环境监测、金融服务等 10 多个门类。截至目前，集团创建的"专有云"平台已整合 17 大类、2900 余项专业能力；线上众创空间培育了 940 多个内部"双创"项目，已有 100 多个项目进入孵化阶段。与此同时，航天科工面向全社会开放的"社会云"航天云网（INDICS，见图 2-41）平台容纳了 1.3 万多项专利、3.5 万多项标准、500 余个软件与应用等资源，可无偿提供社会"双创"团队使用，并成功建立中央企业"双创"服务平台、"创青春"全国青年创新创业平台。

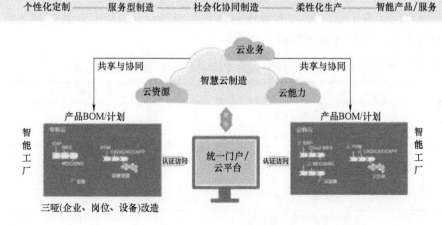

图 2-41　"航天云网"云制造服务平台

第三章 数控机床前沿热点与技术缺口分析

第一节 分析研究方法

为确保文献、专利检索全面、准确，从领域关键词、专利技术分类号、领域内代表性机构和核心期刊等多方面综合开展检索工作。

一、专利统计维度

从专利统计视角，以专利申请量为依据，整理了 04 专项中具有代表性和影响力的企业、研究机构和高校，见表 3-1。

表 3-1 04 专项产品专利维度统计——领域内代表公司及科研单位

序号	申请(专利权)人	专利数	国家	性质
1	沈阳机床股份有限公司	312	中国	公司
2	沈机集团昆明机床股份有限公司	102	中国	公司
3	德马吉集团	469	德国	公司
4	德国 HELLER 公司	3904	德国	公司
5	美国 HASS 公司	335	美国	公司
6	北京工研精机股份有限公司	15	中国	公司
7	北京机床研究所	22	中国	公司
8	北京机电院机床有限公司	31	中国	公司
9	斯达拉格-海科特(Starrag Heckert)	152	瑞士	公司
10	德国 HAMUEL 公司	152	德国	公司
11	济南一机床集团有限公司	81	中国	公司
12	大连机床集团有限责任公司	230	中国	公司
13	杭州杭机股份有限公司	50	中国	公司
14	北京第一机床厂	2	中国	公司

（续）

序号	申请（专利权）人	专利数	国家	性质
15	武汉重型机床集团有限公司	125	中国	公司
16	齐重数控装备股份有限公司	157	中国	公司
17	华工法利莱切焊系统工程有限责任公司	57	中国	公司
18	济南二机床集团有限公司	469	中国	公司

二、企业数据获取

专利分析以 TI 平台数据为数据源，利用"公司名"设计检索式，将研究范围分为三部分，即主机、滚动功能部件和数控系统。每个部分又分为我国企业和其主要竞争对手两大板块。

1. 国内公司

以五轴立式加工中心生产企业沈阳机床股份有限公司为例。首先在中文专利检索网站中以"沈阳机床"作为检索关键词，检索出所有专利，找到其中一条有效专利，记录其公开（公告）号，然后在英文专利搜索信息平台 Derwent Innovation 上以该公开号作为检索关键词，检索出对应的专利，找到该专利对应的申请（专利权）人，再将该申请（专利权）人作为新的检索式，检索出一系列专利，逐渐丰富检索式，最后形成比较完整的检索式，尽可能下载该公司的所有专利。

2. 国际公司

以五轴立式加工中心生产企业法国弗雷斯特-里内公司（Forest-Line）为例。首先在该公司官网上找到相应版权人，即公司名全称，并在英文专利搜索信息平台 Derwent Innovation 上搜索该公司的所有专利，进入其中一条专利，找到其专利权人代码，然后以专利权人代码搜索其对应的所有公司名，查看并尽可能多地找到目标公司所用过的申请人，逐渐丰富检索式。

三、论文数据获取

SCI 学术论文作为重要科研成果的主要载体，可以反映出该研究领域的研究态势。本报告以汤森路透公司的 WOS（Web of Science）数据库作为分析数据源，建立检索策略并利用 TDA（Thomson Data Analyzer）工具进行分析。

四、专利数据获取

为全面了解世界各国在数控机床技术领域专利技术发展全貌，同样以德温特创新索引（Derwent Innovation Index，DII）数据库 TI（Thomson Innovation）

平台数据为数据来源，构建了专利检索式。

第二节　数控机床发展前沿和热点

一、发展前沿概况

目前，先进技术使得数控机床的加工效率和加工质量大大提高，自动化发展成果丰硕，未来还将沿着高速、高精、高效化、网络化、智能化的方向继续发展。数控机床作为现代工业最基本技术的重要性和我国在数控领域落后的现状都要求我们要大力发展数控技术，以改变高档数控机床依赖进口、精密工件的加工依赖国外的被动局面。同时，随着数控机床在机械工业中的广泛应用，它的发展还将带动我国制造业的全面提高。

了解数控机床技术领域的研究前沿和趋势有助于我们更好地把握数控机床技术发展趋势，做出发展策略上的调整，更早地在关键领域进行布局。我们对数控机床论文进行关键词词频分析（见图 3-1），其中出现频次排名前 20 的词汇见表 3-2。

可以看出排名靠前的"数控""自适应控制""运动控制"等高频词凸显了数控机床控制系统的重要性。"车削""磨""表面粗糙度""工具磨损""钻孔"等与加工相关的高频词则表现出数控机床对加工质量与加工精度的追求。近年来，"神经网络""人工智能""机器学习"等也出现在了高频词表内，反映出数控机床技术与机器学习结合的趋势。

图 3-1　科学论文集高频词示意图

表 3-2　数控机床前沿热点关键词

排序	关键词	关键词中译	频次
1	machine tools	机床	633
2	machining	机械加工	352
3	simulation	仿真	283
4	cnc	数控	224
5	surface roughness	表面粗糙度	211
6	adaptive control	自适应控制	193
7	machine learning	机器学习	196
8	milling	磨	164
9	turning	车削	161
10	optimization	优化	163
11	tool wear	工具磨损	154
12	control	控制	151
13	self-regulation	自我调节	132
14	artificial intelligence	人工智能	126
15	step-nc	计算机数控系统标准	117
16	drilling	钻孔	98
17	motion control	运动控制	75
18	cad/cam	计算机辅助设计/制造	63
19	neural networks	神经网络	59
20	sustainability	可持续性	44

二、专利热点分析

了解全球数控机床领域的研发热点，可以为我国数控机床领域关键技术指明方向，进而更好地布局技术研发。某一领域关键词出现频率的高低反映了该领域拥有专利数量的多少，体现了这一领域技术的成熟度以及研究的热点。

梳理 1990—2018 年全球最具代表性的 10 家机床公司专利申请情况，并进行专利地图热点分析，如图 3-2 所示。

基于专利数据中的标题和摘要信息，借助于 TI 的聚类和可视化功能，进一步理解专利的技术信息，从而得到数控机床领域技术研发热点。专利获取年限为 1990 年至 2018 年，由全球最具代表性的 10 家数控机床公司德马吉森精机公司（DMG MORI）、德国通快公司（TRUMPF）、德国埃马克（EMAG）、德国舒勒（Schuller）、日本山崎马扎克（MAZAK）、日本大隈株式会社（OKUMA）、

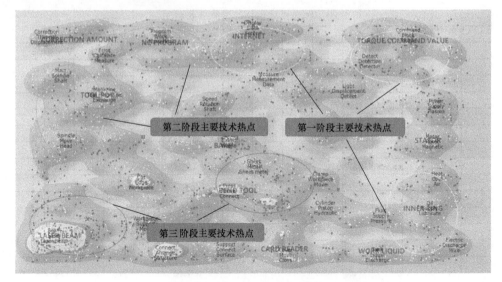

图 3-2　全球数控机床代表公司研究领域热点专利地图

日本新日本工机工业株式会社（SNK）、日本牧野株式会社（Makino）、美国格里森公司（Gleason）、美国哈挺公司（Hardinge）的专利数据绘制而成。

　　将时间线划分为 3 个阶段，分别为 1990—2004 年（第一阶段，以黄点表示）、2005—2012 年（第二阶段，以绿点表示）、2013—2018 年（第三阶段，以红点表示）。由图中的专利地图聚集区域变化可以看出：第一阶段中，专利较为分散，主要分布在主轴、工件加工、电动机、数控程序等主题；第二阶段中，专利数量变多，热误差补偿、故障诊断等主题出现；第三阶段中，专利分布相对集中，互联网技术专利区域相比第一、第二阶段有了大幅上升，其他领域研究分布较为均匀，且相比第一、第二阶段有所减少。

　　综上所述，当前数控机床研究热点主要集中于高速高精化、信息网络化、控制智能化、功能复合化、绿色化等主题，这也为国产数控机床发展与关键技术的提升提供了借鉴方向。

三、技术体系梳理

　　通过对机床核心技术领域进行技术分解，将其划分为机床部件、数控系统、工艺系统、网络化技术、智能化系统等 5 个方面，详见表 3-3。

表 3-3　机床技术体系划分

机床部件	床身	床身材料
		冷加工热处理
		结构设计

（续）

机床部件	床身	结构分析
		性能试验
		支承设计
		床身壁设计
		连接件设计
		清砂孔尺寸设计
		板筋设计
	主轴系统	机械主轴
		电主轴
		液压主轴
		气动主轴
		轴承技术
	进给系统	直线导轨
		滑动导轨
		液压导轨
		气动导轨
		直线电动机
		力矩电动机
		丝杠螺母/齿轮齿条/蜗轮蜗杆
	液压系统	液压系统
	润滑系统	主轴润滑(油雾润滑/油脂润滑)
		导轨润滑(自润滑/定量预润滑/静压润滑)
		传动机构润滑
	排屑系统	机械排屑
		真空排屑
	冷却系统	主轴冷却
		丝杠冷却
		导轨冷却
		电箱冷却(空冷/热交换)
	刀库	斗笠式刀库
		圆盘式刀库
		链条式刀库
	换刀装置	液压式换刀装置
		齿轮齿条

（续）

机床部件	换刀装置	圆弧凸轮
	转台	鼠牙盘转台
		伺服转台
		力矩电动机直驱转台
	机床设计技术	车铣刨磨
		面向传感器的集成技术
	集成技术	设计过程集成
		知识方法集成
		CAD/CAE 集成技术
		数据共享与应用集成
		PLC 集成
		CMM 集成
		Robots 集成
		安全技术集成
		网络化集成技术
数控系统	体系结构	开环（控制方式）
		闭环
		半闭环
		基于现场总线的结构（分布）
		基于运动控制卡的数控系统结构（集中式）
		基于脉冲串的数控系统结构
	数控装置	CPU、GPU、NPU
		软件平台内容
		人机交互单元
	伺服驱动系统	智能伺服单元
		主轴伺服电源放数控系统
		数据有效性验证
	PLC	电源
		中央处理单元
		存储器
		输入单元
		输出单元
	电动机	主轴电动机
		进给轴电动机

（续）

数控系统	反馈与检测系统(传感器)	光电编码器(角位置)
		直线光栅(直线位移,角位移)
		接近开关(位置)
		温度传感器
		振动传感器
		霍尔传感器
		电流传感器
		电压传感器
		压力传感器
		液位传感器
		旋转变压器(角速度)
		感应同步器(直线位移,角位移)
		速度传感器
		声音传感器
		图形传感器
		在机检测装置
	现场总线技术	编码器协议(ENDAT、BISS)
		控制器协议(NCUC 总线技术、EtherCAT 总线技术、Profi-Bus、FSSB)
	控制技术	三轴五轴复合控制等
	智能控制系统	智能运动控制
		智能过程控制
		边缘端智能模块
工艺系统	夹具	手动夹具
		气动夹具
		液压机具
		气液夹具
		电动夹具
		磁力夹具
		真空夹具
	刀具	刀具类型
		刀具材料
		刀具涂层
	计算机辅助工艺规划(CAPP)	零件信息输入模块

（续）

工艺系统	计算机辅助工艺规划（CAPP）	工艺过程设计模块
		工序决策模块
		工步决策模块
		NC 加工指令生成模块
		加工过程动态仿真
	编程技术	仿真技术
		优化技术
		刀具路径生成
	工艺数据库	基础数据（机床、工件、刀具等）
		加工数据（切削记录、刀具轨迹等）
	加工工艺技术	车铣刨磨，特种加工
	车间信息化	视频监控
		设备监控
网络化技术	设备互联互通标准与规范	COAP
		AQMP
		DDS
		MQTT
		OPC UA 协议
		NC-Link
		MT-Connect
	机床设备互联体系架构	边缘模块
		雾端设备
		云平台
	机床大数据采集技术	压缩感知
		盲源分离技术
	现场总线技术	DCS
		反馈控制与状态控制
	机床大数据传输技术	以太网
		3G/4G/5G
		工业无线网
		低功耗窄带物联
	大数据汇聚管理	群集管理
		枢纽管理
		工作流管理

（续）

网络化技术	大数据汇聚管理	数据处理服务
		数据接入服务
		数据交付服务
	大数据分析技术	时域分析
		频域分析
		时域频域联合分析
		算法的分布式实现
	大数据可视化技术	用户交互
		数据分析
		动态可视化
智能化系统	数字孪生技术	几何模型
		空间误差模型
		热误差模型
		进给系统响应模型
		工艺系统响应模型
	自主感知	数据主动订阅
		多源异构工业大数据融合（传感器数据融合）
	自主学习	机床知识表达与组织技术（工艺知识库）
		知识自主学习技术（深度学习、增强学习）
		知识传承演化技术（迁移学习、群体智能）
	自主决策	人工智能辅助编程
		多目标最优决策（表面质量、刀具损耗、能耗控制）
		智能刀具路径优化
		智能全局速度规划
	自主执行	自适应规划
		自适应控制
	智能化应用	质量提升
		工艺优化
		健康保障
		生产管理（人机协同、增强现实）
		远程运维与服务

第三节 产业技术缺口分析

一、主机缺口

主机是机床的主体部分，功能复杂，典型装备种类多，作为高端机床装备的核心部位，直接影响机床的性能和水平。

主机制造装备主要可分为两大类，即数控加工机床和数控成形机床。04 专项支持的机床主机产品主要包含了五轴立式加工中心、五轴超重型龙门加工中心、五轴大型龙门式加工中心、车铣（铣车）加工中心、数控超重型卧式车床、高精度数控中小型卧式车床、数控超重型卧式车床、高精度数控平面磨床、高精度数控万能外圆磨床、高精度数控内圆磨床、高精度数控坐标磨床、数控曲轴磨床、数控工具磨床、数控金属珩磨机床、高精度滚齿机、数控中小型滚齿机、数控成形铣齿机和数控电火花小孔加工机床等。

对于 04 专项部署的五轴立式加工中心、高精度五轴卧式加工中心等 28 类机床重点产品，选取国内外有代表性的公司，并获取这些公司 2000—2017 年的专利情况，在专利中进行关键词匹配找到对应的典型装备的专利，统计其数量对比关系。同时，加入产品信息的有无分析典型装备缺口情况，如图 3-3 所示。

由图 3-3 可以看出，国内公司在五轴龙门式加工中心、车铣（铣车）加工中心方面相比国外公司占有一定的优势。另外，国内目前数控加工机床的专利技术相对集中在少数龙头企业，其他中小型企业在专业研发投入上存在一定程度的不足。同时，国内有些企业有专利投入但产品未出现在市场上，有些企业存在因为产品成熟而专利投入不足的情况。此外，可以得出典型装备如五轴立式加工中心、数控镗铣床、特种加工中心因为产品和专利的不足而存在缺口的结论。

针对数控成形机床，选取高精度数控磨床、数控金属珩磨机床等装备进行国内外比较（见图 3-4）。可以看出，数控成形机床专利投入和产品数量在全球普遍申请量较少。随着技术的发展，国内在高精度磨床、大型精密铸锻设备上的研发投入与国外的差距在逐渐缩小。同时，也有部分国内机床企业存在产品信息和专利投入不一致的情况。在各大主机行业和重大技术装备向高性能、高参数发展的拉动下，数控成形机床也向精密化方向发展。此外，数控成形机床的技术进步离不开国内外企业的通力合作。

综上所述，国内一些骨干企业已经掌握了高档数控机床基本结构原理及控制技术，产品性能、精度接近国外同类产品。国产五轴铣车中心已应用于航

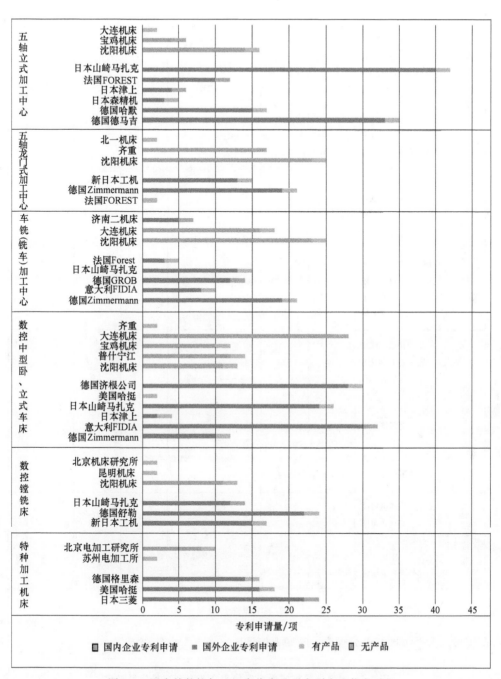

图 3-3　国内外数控加工机床代表企业专利产品信息对比

天、船舶、风电等国家重点领域，部分产品出口至美国、日本、印度等国家。但从专利和产品的研发和布局上来看，数控机床在整机的制造、机床的精度稳

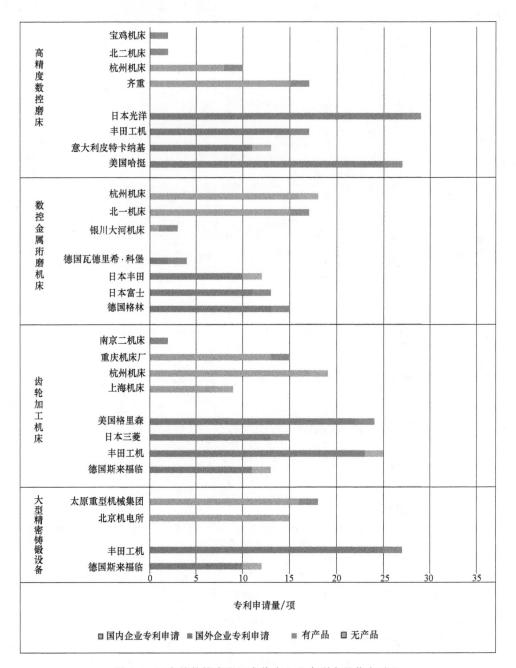

图 3-4　国内外数控成形机床代表企业专利产品信息对比

定性、平均无故障工作时间及机床应用领域工艺研究等方面与国外相比还存在一定差距。

二、滚动功能部件缺口

滚动功能部件的主要产品包括：丝杠、滚动导轨、滑动导轨、线性滑轨、花键、滚珠蜗杆副、滚珠导套、直线运动部件、外围配套件等。它们均以"滚动"为技术特征，具有高效节能、精密定位、精密导向、对数字控制指令反应敏捷，以及传动的高速性、可逆性、同步性等特点，是数控机床和机电一体化产品不可替代的关键配套件。目前，滚珠丝杠副的国产化率约为65%，滚动直线导轨副的国产化率约为46%。

对各国的滚动功能专利总数进行分析，结果见表3-4。可以看出我国专利申请数量最多，为267项，占专利总数的39.21%，美国以169项位居第二，德国以101项位居第三，分别与我国专利申请总数相差14.39%、24.38%，说明我国在滚动功能部件领域的专利布局较为广泛，掌握了该领域绝大多数的技术。排名前三的国家专利总数占全球总量的78.86%，说明滚动功能部件领域的技术主要集中在少数国家手中。

表3-4 各国滚动功能部件专利申请占比

国家	中国	美国	德国	英国	其他
专利数	267	169	101	1	143
占比（%）	39.21	24.82	14.83	0.15	20.99

对滚动功能部件产品进行分类，分析国内外公司专利占比情况。选取滚珠丝杠、滚珠丝杠副、滚动导轨、滚珠花键、外围配套件等代表产品来进行分析，如图3-5所示。

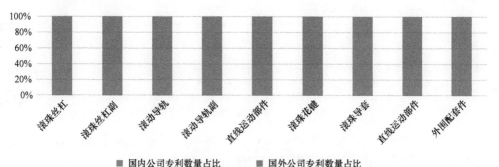

■ 国内公司专利数量占比　　■ 国外公司专利数量占比

图3-5 国内外公司滚动功能部件产品专利占比

通过比较国内外代表企业2000—2017年专利产品信息来比较滚动功能部件缺口情况（见图3-6）。从图中可以看出，我国滚动功能部件产品中的滚珠丝杠、滚珠导轨、滚珠导套、外围配套件等专利占比明显高于国外竞争对手，说明我国这几类产品的专利投入较多；部分产品如滚动导轨存在专利投入较多但产品不足的情况，这说明此类产品技术成熟度仍然不够；此外，滚珠丝杠副、滚动导轨副、直线运动部件这几类产品的专利占比明显低于国外竞争对手，说明我国机床制造行业应加强这几类产品的研究开发，增强竞争优势，才能助力我国数控机床向高精尖发展。

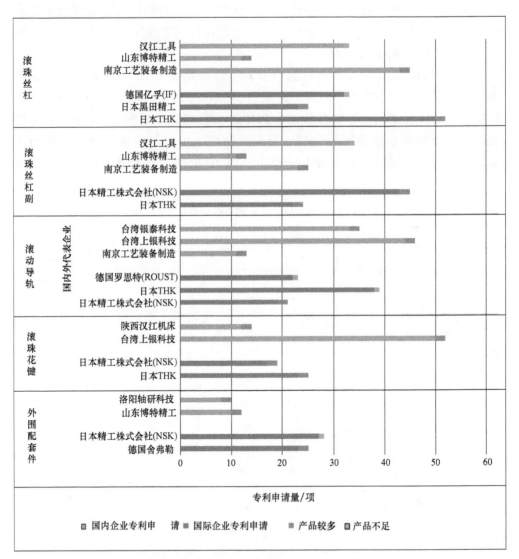

图 3-6　国内外滚动功能部件代表企业专利产品信息对比

综上所述，我国为机床提供配套的功能部件质量和精度水平在稳步提高，批量配套能力明显增强。滚珠丝杠、导轨、动力刀架等滚动功能部件在中高端数控机床中的专利开始提升，而滚珠导套与直线运动部件与国外仍存在一定差距。

三、数控系统缺口

数控系统是决定机床装备性能、功能、可靠性和成本的核心关键部件。数控系统可靠性和性能的好坏直接关系到数控机床应用的成败，影响到我国数控产品的竞争能力。长期以来，我国高档数控系统基本依赖进口，五轴联动以上的数控系统，国外至今对我国封锁限制。我国每年中档数控系统的消费量在4.5万套左右，金额在50亿左右，高档数控系统市场份额在2500台套左右，金额在10亿左右，国内产品只占到市场份额的14.6%，进口替代化方面还有很大空间。

对于已经获取的各国数控系统产品专利数据进行统计，结果见表3-5。日本的专利申请量最多，为596项，占专利总数的33.84%；德国专利申请量与日本相近，为563项，占专利总数的31.97%，前两名专利占比达65%，这与日本发那科公司与德国西门子公司占据全球绝大部分市场份额有直接关系。

表 3-5　各国数控系统产品的专利申请占比

国家	日本	德国	美国	中国	印度	其他
专利数量/项	596	563	233	203	11	155
专利占比（%）	33.84	31.97	13.23	11.53	0.62	8.81

由此可见，数控系统领域专利主要集中在一些制造大国手中，而我国在数控系统方面的专利布局与日本、德国相比，仍存在较大差距，应加强数控系统产品领域的技术研究与开发。

对数控系统产品专利申请人数据进行分析（见图3-7），可以看出不同公司的专利申请量存在较大差距。作为国内数控系统领域主要竞争对手的日本发那科与德国西门子公司专利申请量约为1300项，而国内的华中数控、广州数控专利申请量不足200项，从侧面反映了我国在数控系统产品领域的技术应用及开发与国外相比仍存在较大差距。

整合04专项中数控系统相关信息，将数控系统产品分为输入/输出装置、接口（通信设备）、主控制系统（数控装置、CNC装置）、辅助控制装置、可编程控制器（PLC）、伺服驱动装置、位置测量系统、控制软件、进给驱动装置等九类产品。由于数控产品构成复杂，集成度较高，且关键技术掌握在少数公司手中，故难以将产品信息与代表公司一一罗列。选取日本发那科、德国西门子、日本三菱数控系统、法国NUM数控系统、华中数控、广州数控、北京

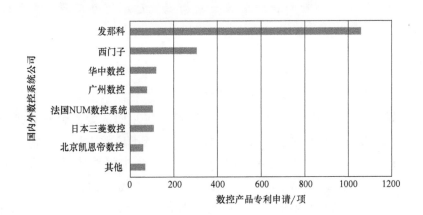

图 3-7　数控系统产品专利申请人分布

凯恩帝数控等代表公司来进行匹配，通过对国内外公司滚动功能部件专利申请占比分析（见图 3-8）来寻找数控系统缺口情况。

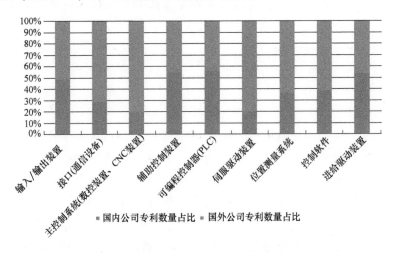

图 3-8　国内外公司滚动功能部件专利申请占比

通过对国内公司与国外公司的各个种类产品的专利申请量进一步对比，可以看出国内公司对辅助控制装置、可编程控制器等产品投入的研发力度较大，与国外公司研发投入相近，间接地促进了国产数控系统从模拟式、脉冲式到全数字总线的跨越，缩小了数控系统产品在功能、性能方面与国际巨头之间的差距。但进一步分析可发现国内有些数控系统产品专利数量低于竞争对手，尤其是主控制系统、接口，虽然取得了一定的研究成果，但与国外先进公司相比，仍存在一定的差距。

第四节　典型企业技术缺口分析

一、国内外企业对比：企业技术缺口

我国数控机床行业经历了 30 多年的跌宕起伏，随着关键技术的突破和自主生产能力的形成，到 2017 年，我国数控机床的产量达到 32.1 万台，数控机床消费超过 60 亿美元，台数超过 10 万台，数控机床已成为机床消费的主流。2005—2017 年数控机床年均增长率 30.2%，行业增长迅速。与此同时，国产机床的发展仍然难以支撑国民经济和国防军工的需要，与世界先进水平相比差距仍然十分明显。目前我国数控机床行业仍存在产品结构水平偏低、机床的复合性能较差和功能部件发展缓慢滞后等问题。此外，高精度直驱技术、可靠性技术等也有待进一步突破。

1. 国内外机床企业技术领域划分

对于机床企业的核心技术，我们邀请相关专家对机床本领域进行了 3 个层次的技术分解，将中高档机床企业核心技术分为前沿技术、关键共性技术、工艺技术，见表 3-6。

表 3-6　数控机床企业核心技术划分

第一层技术	第二层技术	第三层技术
数控机床核心技术	前沿技术	高速高精控制技术
		全生命周期及能效监控技术
		智能化感知与监控技术
		智能误差补偿技术
		人工智能技术
	关键共性技术	多轴联动加工技术
		自动测量和检测技术
		全数字控制和伺服驱动技术
		可靠性设计与试验技术
		数字化设计技术
		动态误差补偿技术
	工艺技术	复杂型曲面和难加工材料高效加工成形技术
		精度补偿技术
		全制造流程仿真技术
		轻量化材料精密成形技术
		可靠性技术

本文通过前期专利数据的检索和筛选，选取了国内外有代表性的 20 家机床公司（见表 3-7）的专利数据，基于划分的三层机床企业核心技术，对这些专利数据进行关键词匹配。

表 3-7　国内外机床代表企业

国内公司	国外竞争对手
沈阳机床股份有限公司	德国德马吉森精机（DMG MORI）
济南二机床集团有限公司	德国通快（TRUMPF）
齐重数控装备股份有限公司	德国埃马克（EMAG）
沈机集团昆明机床股份有限公司	德国舒勒（Schuller）
大连机床集团有限责任公司	日本山崎马扎克（MAZAK）
武汉重型机床集团有限公司	日本大隈（OKUMA）
北一机床集团有限公司	日本新日本工机（SNK）
秦川机床集团有限公司	日本牧野（Makino）
北京机床所精密机电有限公司	美国格里森（Gleason）
上海机床厂有限公司	美国哈挺（Hardinge）

通过对选取的所有代表公司进行机床关键词匹配，得到国内外公司与机床核心技术有关的专利布局情况，得到国内外机床公司核心技术投入对比如图 3-9 所示。

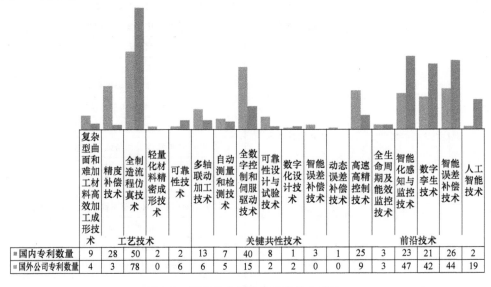

	复杂型曲面和难加工材料高效加工成形技术	精度补偿技术	全制造流程仿真技术	轻量化材料精密成形技术	可靠性技术	多轴联动加工技术	自动测量和检测技术	全数字控制和伺服驱动技术	可靠性计与试验技术	数字化设计技术	智能化设计技术	动态误差补偿技术	高速高精控制技术	全生命周期及能效监控技术	智能化感知与监控技术	数字孪生技术	智能误差补偿技术	人工智能技术
			工艺技术						关键共性技术						前沿技术			
▪国内专利数量	9	28	50	2	2	13	7	40	8	1	3	1	25	3	23	21	26	2
▪国外公司专利数量	4	3	78	0	6	6	5	15	2	2	0	0	9	3	47	42	44	19

图 3-9　国内外公司机床技术投入对比

国内外代表公司在三大领域的技术投入较为一致，在工艺技术和关键共性技术投入上，国内公司的专利布局更为广泛，而在前沿技术上国外公司则具备更强的竞争力。

2. 国内外代表企业技术对比及缺口

本文分别选取国内机床企业与日本、德国代表机床企业进行技术专利布局情况对比，如图 3-10、图 3-11 所示。

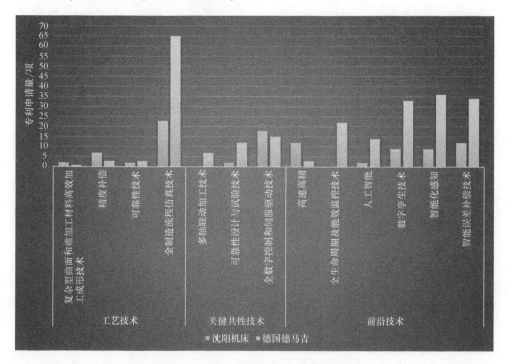

图 3-10　沈阳机床与德马吉企业技术对比

三家公司目前在前沿技术上的投入较多，比如人工智能技术、数字孪生技术、智能化感知、智能误差补偿技术，这反映了当前数控机床的技术发展趋势。此外，德国德马吉公司、日本山崎马扎克在核心技术上的整体投入要高于沈阳机床，沈阳机床在全制造流程仿真技术上投入较多，总体而言沈阳机床代表的国产公司在关键共性技术和工艺技术投入上存在一定的不足，成为企业相关技术缺口（比如可靠性技术、精度补偿技术、多轴联动加工技术）的客观原因之一。

机床技术的核心是精度补偿，高档数控机床的核心在于数控系统和功能部件。目前，机床企业越来越重视产品技术的提高，市场观念和技术创新意识加强，我国数控机床技术取得了显著的进步。反映数控机床制造水平的重要技术

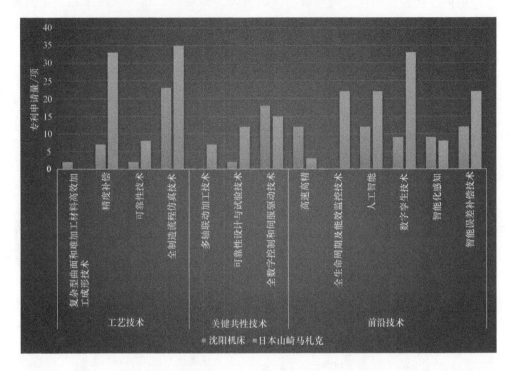

图 3-11　沈阳机床与日本山崎马扎克企业技术对比

指标，如主轴最高转速、快速移动速度、换刀速度、切削能力等参数正在向国际水平接近，一批关键技术获得重大突破，缩小了与世界先进水平的差距，如五轴联动机床品种增多，重型机床、高精度机床、特种加工机床、成形机床、数控专机、数控成套设备和柔性生产线等国内急需产品开发成功。但国产中高档数控机床功能部件核心技术与国外相比还存在一定差距，在精度、可靠性方面还有些不足。但同时我们在基于用户需求的产品集成创新方面已经取得长足进展，提供系统解决方案的能力也得到了大幅提升。

二、国外先进企业：行业发展方向

日本、德国、美国等机床制造强国都拥有庞大的机床研发体系，每年都不断推出数控机床及功能部件的最新产品，体现了当今世界最先进的机床制造技术，也反映了机床制造技术未来的发展趋势。

选取美国、日本、德国最具代表性的10家机床公司，对机床专利进行国际专利分类号技术构成分析，以及对国内外机床知名企业的专利数量和技术重点进行分析（见表3-8）。

表 3-8 国外机床代表企业

序号	国家	代表公司
1	德国	德马吉森精机
2	德国	通快
3	德国	埃马克
4	德国	舒勒
5	日本	山崎马扎克
6	日本	大隈
7	日本	新日本工机
8	日本	牧野
9	美国	格里森
10	美国	哈挺

1. 国外代表性企业行业发展现状分析

图 3-12 为 1996—2018 年机床行业技术发展趋势图。可以看出机床的专利技术发展从 1996—2000 年开始布局，在 2002—2010 年平稳发展，在 2010—2018 年发展迅猛，并在 2014 年达到峰值。另外，滚动功能部件、多轴联动控制技术、工业机器人、精度补偿技术、机器学习技术的发展也反映了当前机床企业对控制系统的重视、对于加工质量与加工精度的追求以及数控机床技术与机器学习结合的趋势。

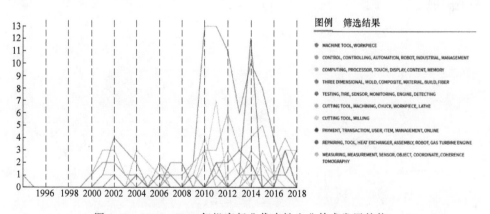

图 3-12 1996—2018 年机床行业代表性企业技术发展趋势

同时，对机床专利进行国际专利分类号技术构成分析（见图 3-13），可以看出世界机床类专利热点侧重于电主轴、刀具、测量仪器等关键部件，属于核心生产技术。近年来，智能技术、电子技术飞速发展，促进了机床技术的智能化、电子化，如少/无切削加工工艺得益于激光、等离子等技术的发展。其他类专利如工程材料类和机械手工类等，所占份额较小。

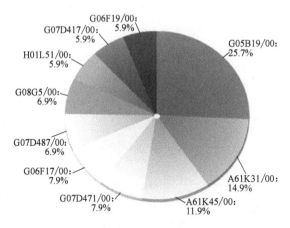

图 3-13　国际数控机床代表企业专利 IPC 小组分析

2. 典型代表企业专利地图分析

通过调查分析，在中国数控机床领域申请专利的企业中，外国企业占到了半数以上，并且是关键技术的专利申请。日本公司占有绝对优势，德国企业也很强劲，是强大的竞争对手，同时也是我们学习的对象。他们围绕自身的技术优势，形成专利族重点布局，在专利市场上占有很大份额。

分别对以德马吉森精机为代表的德国企业和大隈为代表的日本企业进行专利地图的绘制，如图 3-14、图 3-15 所示。

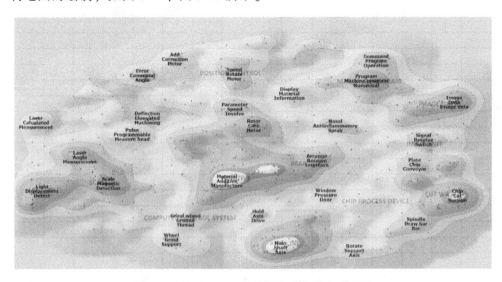

图 3-14　2009—2017 年德国代表企业专利地图

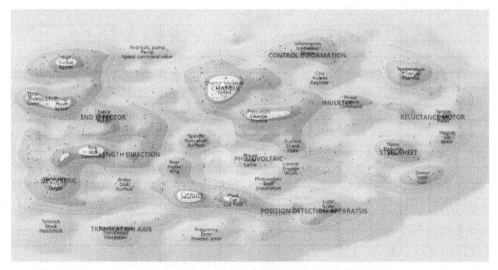

图 3-15　2009—2017 年日本代表企业专利地图

从图中可以看出，日本企业的专利布局纵横交错，交叉互补，已形成完整的数控机床产业体系。日本政府的资金投入以及政策支持，使得其机床产业发展壮大。日本企业不仅生产机床主机，零部件、功能部件以及数控系统等都形成了专利优势，在中国有大量的专利申请。

德国企业在中国的专利申请范围广泛，主要涉及机床的工艺和机器控制等领域。其中，西门子公司专利申请集中于工业电器设备领域中的手持小型工具，博世公司集中于机床以及工业电气设备中的控制与传送系统，海德汉公司则侧重于数控机床的测试系统、精密仪器仪表和测试方法。可以看出，德企专利优势在于高档数控机床及功能部件，包括数字控制、测量系统以及通用手持工具如机械手等领域。

总的来说，通过对制造强国的代表性机床相关企业的产品进行分析，可以得到机床制造技术未来的发展趋势主要体现在高精度加工机床、高效高速加工机床、柔性复合机床、机床智能化、机床绿色化等方面。

三、国内企业：自主追赶路径

我国机床制造业在世界机床工业体系和全球机床市场中占有重要地位，但目前仍然不是世界机床制造业强国。与世界机床制造业强国相比，我国生产的数控机床在质量稳定性和可靠性方面与国际先进水平相比还存在一定的差距。机床早期故障率较高，精度稳定性周期短，工程能力指数（CPK 值）、平均无故障工作时间等指标都低于国际先进水平。

04 专项实施以来，专项课题组对主机、数控系统、功能部件和关键部件、共性技术、创新平台建设、技术服务基地建设及应用示范工程等七大类项目以及重点领域成套装备与生产线均给予科学安排。通过实施专项，在高档数控机床与基础装备制造关键领域共研发各类新产品、新技术、新工艺 2996 项，12项共性技术取得重要进展，完成十大标志性设备，形成 10 项标志性成果，先后为核电、大飞机等七个重大专项和一批国家重点工程、部分重点装备实现零的突破，一大批高素质人才队伍形成集聚，实现了行业从广泛依赖进口到基本自主化的重大跨越。

1. 中高档数控机床企业竞争分析

目前，我国机床出口产品中基本上是低附加值和中低档产品。根据 2017 年的出口数据计算，金属加工机床出口 31.7 亿美元，仅占全行业出口的 28.4%，这导致我国机床出口产品附加值较低。海关总署的数据显示，2017 年全年，金属加工机床出口量为 911 万台，平均 1 台出口价值为 348 美元。与此同时，金属加工机床进口额与进口量分别为 86.79 亿美元、8.62 万台，平均单台进口价值达到了 10 万美元左右，差距明显（见表 3-9）。与德、日、美等世界先进机床制造国家相比，我国机床产品在数控系统、精密加工、操作性能、智能化等高端技术上还存有差距。

表 3-9　2017 年中国金属加工机床进出口情况○

贸易	总额/亿美元	数量/万台	单台价值/美元
出口	31.7	911	348
进口	86.79	8.62	100684

对国内代表企业机床进行产品和海关贸易数据的匹配，同时考虑专利的信息，来分析国内机床企业的现状。重点机床企业进出口贸易额与专利投入情况如图 3-16 所示。

图 3-16 选取的是国内代表机床公司 2015 年海关贸易数据与专利投入情况信息，同时筛选出每家公司贸易额在 100 美万元以上的产品信息。可以看出，2015 年企业机床出口贸易额普遍大于进口额，大多数企业出口产品仍然以普通机床为主，在中高端数控机床上的专利投入较多，目前也掌握了一些核心技术，但在贸易出口中占比不多。

其中沈阳机床、武汉重型机床、济南二机床集团有限公司 2015 年的海关贸易与专利布局情况如图 3-17~图 3-19 所示。

○　《2017 年中国金属加工机床进口数据分析》，中商情报网，2018 年 10 月 1 日，http://www.askci. com/news/chanye/20180117/142651116219_2.shtml

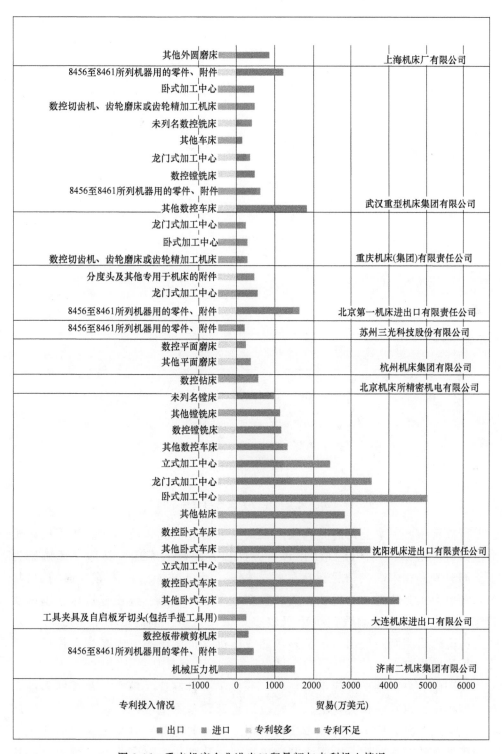

图 3-16　重点机床企业进出口贸易额与专利投入情况

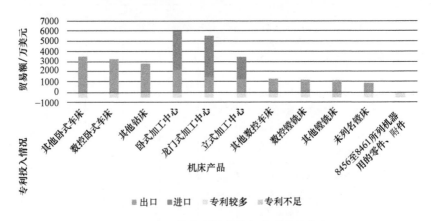

图 3-17　沈阳机床海关贸易与专利布局信息

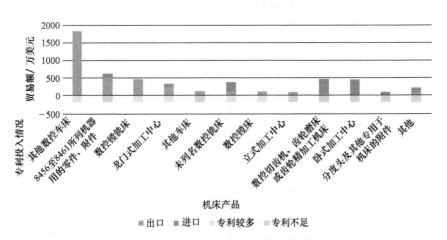

图 3-18　武汉重型机床海关贸易与专利布局信息

可以看出，三家公司的专利投入和贸易进出口情况有所不同。沈阳机床贸易进出口额最多，其产品目前在贸易方面以普通卧式车床、钻床、镗铣床为主，同时专利在中高端数控机床的投入较多，由于成本、工艺等方面的原因，产品竞争力仍需要进一步提升。武汉重型机床出口车床、数控镗铣床、车床及其零部件为主，中高端数控机床仍较多地依赖进口，同时专利投入也需要加强。济南二机床则主要出口重型装备如液压机等机床产品，中高端数控机床仍较多地依赖进口。

我国企业自主创新步伐不断加快，开发了一批高速、精密、复合、多轴联动数控机床，以及一批大规格、大吨位、重型和超重型数控机床新产品，国产数控机床从某种程度上在国际市场中占据了一定的优势，但在中高端制造装备上与国外企业存在差距，应围绕制约机床产业升级和影响产业国际竞争力的基

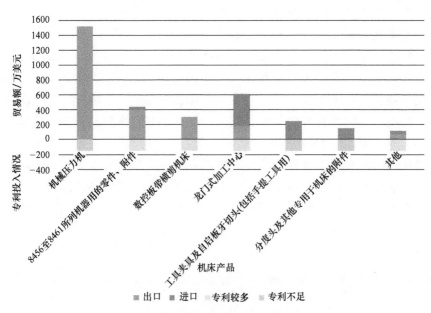

图 3-19　济南二机床海关贸易与专利布局信息

础共性技术进行研究与开发，继续加大中央财政资金支持力度，并建立起长效的科技投入机制。

2. 国内机床企业发展路径

近年来，机床企业越来越重视产品技术的提高，市场观念和技术创新意识加强，我国数控机床技术取得了显著的进步。反映数控机床制造水平的重要技术指标，如主轴最高转速、快速移动速度、换刀速度、切削能力等参数正在向国际水平接近，一批关键技术获得重大突破，缩小了与世界先进水平的差距。精密化、复合化、高速化、高效化、重型化、开放式数控化将是我国数控机床企业技术发展的总趋势。通过对相关企业的调研及数据分析，总结出我国机床企业的追赶路径体现在以下几个方面：

（1）依托专项，质量提升　通过依托"高档数控机床与基础制造装备"专项，在 2009 年至 2016 年间，我国数控机床相关方面累计申请发明专利 3956 项，立项国家及行业标准 407 项，研发各类新产品、新技术 2951 项，新增产值约 706 亿元。高档数控系统打破国外技术垄断，关键功能部件实现批量配套。国内市场占有率由不足 1% 提高到了 5% 左右。因此我国企业应将产品的可靠性和稳定性达到世界先进水平作为发展重点，注重质量提升。

（2）主机牵引，加强基础　根据重点产业发展的需要，突破关键主机及成套装备的创新；围绕主机和成套装备发展的需要，确定高性能数控系统、功能部件及其他关键部件的发展重点，加强工艺研究；提出重点产品发展所需解决的核心关键技术和基础共性技术，以及相应的创新平台。

（3）跟踪跨越，集成创新　通过引进技术、引进人才、合作生产等途径跟踪国外先进技术，并加大消化吸收再创新的力度，尽快实现从引进消化型向自主创新型转变，并在一批产品和技术上实现跨越，达到国际领先水平。通过持续的集成创新和技术积累，在一些重点上取得原始创新的突破，注重产品向数字化、智能化、网络化方向发展，鼓励原创产品和技术所占比重逐步增加。

（4）培育核心，协同发展　通过一批产品的开发，突破一批核心关键技术，加强基础共性技术发展，培育一批具有国际竞争力的大型企业、"专、精、特"中小企业及国际知名品牌，形成自主创新能力，构筑起能与工业发达国家竞争的以企业为主体、产学研结合的技术创新体系及一支高水平的研究开发和技术创新人才队伍。

第四章 需求分析与重点发展方向

第一节 重点用户领域对制造装备的需求

随着新一轮科技革命和产业变革的进行，制造行业的重大新需求不断涌现，节能与新能源汽车、新一代信息电子、航空航天、轨道交通、电力能源、新材料等重点产业的快速发展，以及工业互联网、大数据、人工智能等新技术的不断进步将对数控机床与基础装备提出新的战略性需求和转型挑战。中高档数控机床与基础制造装备是市场需求的主流，个性化高效数控机床与基础制造装备及功能部件增长空间较大，为用户提供整体工艺装备解决方案的需求日益增多，新材料、新产业发展带来行业新需求，绿色机床装备已提上重要日程。

一、汽车制造装备

汽车制造业是机床产业的最大用户。目前我国汽车零部件生产用设备，特别是高端主机、成套自动化线等仍依赖进口。

"十三五"期间，我国汽车产销保持稳定增长。预计到 2020 年，汽车产销规模达到 2800 万~3000 万辆，其中乘用车达到 2400 万~2550 万辆，商用车达到 400 万~450 万辆；新能源汽车市场规模达到 150 万~180 万辆，累计产销量超过 500 万辆，其中自主品牌新能源汽车销量达到 100 万辆。乘用车新车整体油耗水平达到 5.0L/100km，节能型乘用车燃料消耗量降至 4.5L/100km，商用车新车燃料消耗量接近国际先进水平，纯电动汽车一次充电续驶里程达到 400km 左右，整车能效接近 10km/（kW·h），并建立从整车到关键零部件的完整工业体系和自主研发能力，形成中国品牌核心关键零部件的自主供应能力。用于新能源汽车、智能网联汽车、节能汽车的关键零部件、核心材料和器件，其当地配套率达到 60% 以上。汽车制造业全产业链的协同发展，对制造工艺和装备提出了新的要求，主要包括：

1）现代汽车制造装备：大型汽车覆盖件自动冲压生产线，多工位压力机及自动化生产线，以高速加工中心为主体的缸体、缸盖自动化生产线，曲轴/凸轮轴/连杆高效精密加工设备，变速箱柔性生产线等。

2）汽车轻量化技术装备：轻量化车身智能成形装备，轻量化异种材质混合车身、伺服冲压/模压成形装备，发动机、变速箱等零部件控形控性近净成形装备，新型焊接工艺和机器人，高效、高精度柔性装配生产线。

3）新能源汽车制造技术装备：动力蓄电池系统制造工艺与装备、电动机系统制造工艺与装备、电控系统的制造工艺与装备等。

4）资源化技术装备：汽车回收拆解处理、再制造、资源化技术与装备，电池回收处理工艺装备等。

二、航空航天装备制造装备

随着我国航空航天产品跨代发展，大型飞机、载人航天、探月工程、航空发动机等国家战略的实施，以及新材料的应用，航空航天装备的发展对制造技术装备提出了更高的要求，具体包括：

1）机载设备关键零部件加工设备：非球面加工设备、五轴自由曲面磨床、自由曲面检测设备、高精度立式加工中心、精密数控车床和车削中心、精密数控万能外圆磨床、精密数控镗铣床与加工中心、数控电火花机床和线切割机床及三坐标测量机等。

2）大型精密钣金成形设备：大型数控旋压机床、大吨位型材拉弯机、大型蒙皮数控拉形设备、复杂钣金件橡皮囊成形装备、钛合金型材电热拉弯近净成形装备、复杂异形结构机器人自动焊接装备等。

3）复合材料成形/加工成套设备：复杂结构丝束铺放设备、表面特种涂料精密喷涂及检测装备、复材结构件数字化检测装备等。

4）机械连接及装配设备：精密制孔中心、自动钻铆设备、机器人钻铆与柔性自动装配系统。

三、海洋工程及船舶制造装备

到 2020 年，我国要建成海洋强国、造船强国，打造现代海洋工程装备和高效船舶制造体系，使我国大型船舶制造技术和装备水平步入国际先进行列，对机床装备产业的要求是：

1）新一代船体高效成形技术与装备：船舶及海工高强钢板平面及曲面智能化分段流水线关键装备、船体高强钢曲面板多点压力成形技术与装备、大厚板高功率激光焊接技术与装备、特种船舶（液化天然气储运船、液化乙烯及化

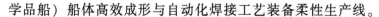

学品船）船体高效成形与自动化焊接工艺装备柔性生产线。

2）关键零件加工设备：大型曲轴锻造装备、数控立式车床、数控曲轴车床、数控曲拐铣床、龙门镗铣加工中心、数控导轨钻床、数控立式车铣中心和卧式镗铣加工中心、大型数控坐标磨床、数控曲（凸轮）轴磨床、具有在线测量功能的大型多轴联动龙门车铣中心、重型卧式车床及深孔钻镗床、中凸椭圆的大活塞车床、大型高速齿轮加工机床、难变形合金管材高效高精塑性成形装备等。

四、轨道交通装备加工设备

我国轨道交通装备制造业已形成明显的竞争优势，并成为国内机床装备市场非常重要的新兴客户群。未来五年，国内高速铁路建设将维持大规模投入状态，投资额将保持在每年 7000 亿元左右，共计 3.5 万亿元。国家对轨道交通行业的大规模投资建设，将有力地促进机床装备行业的发展。轨道交通的典型零部件有轨道、路枕、机车、车辆、车轮、车体转向架、空心轴套和柴油机机体、曲轴、缸头盖等车辆零部件，具有结构复杂、精度要求高等特点，数字化智能化制造装备、数字化工厂（车间）是轨道交通装备制造发展的重要方向。其需求主要包括：

1）机车和车辆制造装备：大型立卧式加工中心、龙门加工中心、数控镗铣床、数控立式车床、数控精密磨床以及曲轴车、压力机、折弯机等数字化加工及在线检测与控制系统，多轴、多功能的切割和焊接机器人设备，适应多品种小批量、工艺难度大、过程复杂、复杂异形部件打磨、粘接、焊接等的特种机器人。

2）轨道加工和高速铁路路枕加工装备：新型道岔数控铣床、道岔磨床、专用数控轨道板磨床。

3）车轮和车辆零部件的制造装备：速度 350～600km/h 以上列车用齿轮、轴承、轮对、转向架、制动系统等轻量化加工成形、测试实验成套装备；内燃机车柴油机、发电机以及传动件的加工设备，主要是数控龙门加工中心、数控随动曲轴磨床、T 形床身的卧式加工中心；用于加工电力机车的电动机定子、转子和电动机轴等的大型数控车床、数控磨床等。

4）轨道交通行业机车运行的日常维护设备：数控车轮车床、数控不落轮对车床、外圆磨床等。

五、电力装备加工设备

"十三五"期间，电力装备行业发展需要解决大型发电设备关键部件优质、高效制造的问题，所需制造技术与装备有：

1）核电关键零件加工设备：百万千瓦级核电主管道、壳体类等关键部件的电渣熔铸-锻造-挤压成形工艺与设备，核电用特大型叶片近净成形设备，海洋核动力平台反应堆机器人激光焊接装备，压力壳、堆内构件、换热器、核主泵、爆破阀等一回路设备关键零件和半转速汽轮机转子、叶片、发电机转子等二回路设备关键零件加工需要水室封头压力成形机和焊接设备、管板钻床、叶片专用加工机床、叶根槽铣床、大重型数控镗铣床和重型数控车床等。

2）风电关键零件加工设备：增速器、轴承、桨叶、发动机等风电关键零件加工用数控立式车床、数控镗铣床、复合铣车机床、数控落地铣镗床，大型龙门加工中心，大型数控滚齿机、数控插齿机、数控磨齿机等。

3）水电关键零件加工设备：百万千瓦级机组超大型水轮机转轮激光-电弧复合焊接装备，大型数控立式车床，转轮叶片模压装备与龙门五轴加工机床，发电机转子等重型数控卧式车床等。

4）火电关键零件加工设备：重型燃气轮机大尺寸单晶叶片铸造装备，耐1700℃燃气轮机叶片耐高温涂层成套技术装备等。

六、新一代信息技术产品加工设备

计算机（Computer）、通信（Communication）和消费类电子产品（Consumer Electronics）等"3C"电子产品零部件加工，对数控机床的需求持续稳定增长。目前，我国用于加工"3C"电子产品的数控机床主要被日本和欧美产品垄断，其中日本的小型精密加工机床市场占有率达70%。随着我国经济社会稳定发展和人民生活水平的不断提高，用于"3C"电子产品的加工设备市场需求将会进一步扩大。其主要需求有：

红外硫系玻璃模压成形设备、中小型精密数控机床、3轴/4轴联动高速加工中心（或钻攻中心）、机器人自动化上下料生产线、精密车床、精密模具加工机床和智能检测装配线等。

七、机床与关键零部件制造装备

机床零件的加工精度由所用机床的精度决定。要制造高精度的零件，需要采用比零件精度更高的机床来保障。功能部件的制造需要大批专门化的高速精密机床。机床产业自身装备升级的主要需求表现为：

1）箱体类零件加工设备：高精度坐标镗床、精密卧式加工中心、柔性生产线等。

2）床身类零件加工设备：精密龙门五面体加工中心、精密平面磨床、精密龙门导轨磨床、精密铸造设备等。

3）轴盘类零件加工设备：高精度数控车床、高精度内/外圆磨床、高精度主轴锥孔磨床、精密数控螺纹磨床、精密端齿磨床、精密蜗杆副磨床、精密坐标磨床、滚动导轨磨床、精密凸轮磨床、精密齿轮磨床和数控工具磨床等。

八、新兴市场需求

1. 新材料发展对机床装备提出更高的需求

例如：飞机上多使用钛及镍铬铁耐热合金等难切削材料以及碳纤维增强复合材料，特别是碳纤维增强复合材料具有在材料剥离及毛刺发生等这些在金属材料上没有的加工难度，对机床装备的要求不会停留在目前水平。

2. 重大高端装备发展对制造装备提出新的要求

随着飞机发动机叶片、整体机匣和叶盘等典型零件向尺寸大型化、型面复杂化、结构轻量化和制造精密化方向发展，尤其是高强度的高温耐热合金等新型轻质材料的大量应用，对大扭矩、高精密数控机床提出新的更高要求。

3. 新兴市场给机床装备带来的新需求

如医疗器械、医疗产品零部件具有小型化、精度高的特点，所有产品的公差尺寸都保持在百分之几毫米甚至千分之几毫米，医疗产品精密零件多选用不锈钢、钛、钴、铬、聚醚醚酮和碳纤维合金等材料，需要大量的精密加工机床和成形设备，占全球人口 1/4 的中国仅占全球医疗设备市场的 2%，其中高性能医疗器械的 90% 以上为国外品牌，医疗器械市场的兴起将拉动精密专用机床设备的发展。在服务性制造市场，如燃气轮机大型结构件和大型设备异地维修需要便携式或可移动式多轴联动数控装备，要求用无固定基座、可重构拼组的小机床加工大型工件。

九、小结

自 2012 年以来，我国机床市场需求出现了结构性变化。一是需求总量明显下降，尤其是通用机床和大重型机床的需求量明显下降。二是需求结构换档升级，市场需求向自动化、成套、客户化定制方向发展，高档数控机床成为机床产业的制高点。国民经济重点领域发展需求特征及对机床的需求见表 4-1。

1. 中高档数控机床仍是市场需求主流

"十二五"期间，机床的重点用户——汽车、能源、船舶、航空航天、轨道交通等领域都进行了有规模、有深度的结构调整和技术改造，制造业技术装备水平大幅度提高，加之劳动力价格上升、技术工人短缺，以及重大技术装备向高性能高参数方向发展等诸多因素，用户在要求更加经济的生产方式、更短

表 4-1　国民经济重点领域需求特征及对机床的需求

	需求特征	产品特征
市场需求	更加经济的生产方式	复合加工、自动化设备
	更高的精度和表面质量	高速、高精度和精密级的设备
	更短的制造周期	高效专用设备及柔性生产线
	更强的市场适应性	满足用户要求的整体工艺装备解决方案
	潜在的新需求	基于新材料、新零件、新需求的创新产品

的制造周期、更低的制造成本的同时，对产品精度和表面质量的要求越来越高。这些要求一方面可促进现有技术向高精度、高效高速、复合化和多功能化方向发展；另一方面，也将加速制造技术与信息技术的融合，如 CAM 与 CNC 的深度融合，以及催生出远程诊断、远距离控制、自诊断/自修复等智能化技术。整个产业向中高端升级势在必行。

2. 个性化高效数控机床及功能部件增长空间较大

由于社会分工的不断细化，原来通用机床加工的许多零件选用更高效的面向特定工艺的专用数控机床加工，例如：航空领域蒙皮加工制造需要高效铣切机床，航空航天、汽车、船舶行业的高精超精密零件加工需要高精度、高效率磨床。总之，随着航空航天、电力装备、高性能医疗器械、IT 等行业难加工材料、精密零件和复杂零件加工的增加，势必需要更多高速、高精度、复合、柔性、多轴联动、智能、高刚度、大功率的数控机床，高速/高效/精精度加工中心、专用数控机床、柔性/复合数控机床、数字化车间等需求将呈现持续增长态势。同时，各种高效、专用、特种加工设备，以及能替代进口产品的高端机床、切削刀具、功能部件、数控系统、伺服系统等都具有良好的成长空间。

3. 为用户提供整体工艺装备解决方案需求日益增多

根据《中国制造 2025》的战略部署，十大重点领域的突破发展将给高档数控机床发展带来巨大机遇。机床企业面临更高的提供集成与整体工艺装备解决方案能力的市场要求，特别是对大批量生产企业，如汽车及其零部件、摩托车及其配件生产企业，船舶、航空航天企业，不仅要提供全套自动化柔性生产线，同时要提供包括刀具、夹具、测量及物流等整体工艺解决方案。

4. 新材料、新产业发展带来行业新需求

新材料技术的不断进步，将有力地推动制造装备的创新发展。如镍基耐热合金、钛合金、碳纤维增强复合材料在工业领域应用，将对加工技术与装备提出新的需求。同时，新产业的兴起和新技术市场营销模式创新，也将促进个性化高效专用数控机床及生产线需求的增长，如电子信息产业、医疗器械、极端工况服役零件制造等新兴产业的发展，需要复合化、多功能化的加工技术及装备。

5. 绿色机床提到重要日程

为应对环境约束带来的挑战，对机床装备的节能减排要求提到重要议事日程。考虑环境影响的机床节能技术与绿色机床及相关产品近年来得到快速发展。生产系统节能的愿景是力争在 10 年内将制成品在生产过程和产品生命周期内的能耗降低 50%。目前，机床轻量化结构设计、新型材料应用替代研究，单机、制造系统、车间、工厂的能效优化研究，以及可持续制造和绿色工厂的相关研究如火如荼。

第二节　发展目标

一、2020 年目标

1. 产业竞争力显著增强

机床制造大国的地位进一步巩固，产业经营实现平稳增长，产品市场占有率有较大提升，中高档数控机床装备市场竞争力显著增强，航空航天、船舶、汽车、发电设备等领域所需的高档数控机床与基础制造装备 80% 立足国内。初步改变基础制造装备大而不强的局面，使我国基础制造技术与装备进入世界强国行列，能够满足我国重大技术装备、汽车、造船、航空航天、电子、工程机械等国民经济重要产业的需求。

2. 产品质量与可靠性大幅度提升

数字化设计、制造和管理水平迈上新台阶，完善技术标准体系和工业试验验证平台，机床产品的精度保持性和平均无故障工作时间大幅度提高，重点产品的可靠性、平均寿命显著提高，机床精度保持性达到 5 年以上，平均无故障工作时间达到 2000h。培育一批世界知名品牌产品。

3. 产业组织结构进一步优化

机床装备的智能化和绿色化水平明显提高，产业"空心化"的局面得到改善（其中，标准型数控系统和智能型数控系统国内市场占有率分别达到 60% 和 10%，配套功能部件国内市场占有率达到 50%），培育一批跻身于国际市场竞争的著名企业，发展壮大一批"专精特"中小企业，构建起一个精密、高效、清洁的产业体系。

4. 产业技术创新体系建设初见成效

建设数控机床产业技术创新中心、基础制造创新中心等一批技术研发平台，推进跨学科、跨领域的协同创新，突破产业短板和技术制约，掌握一批产业核心技术，部分高档数控机床实现产业化；研制一批满足新兴市场需求的机床产品，培育形成新的经济增长点；行业共性技术支撑体系进一步完善，企业自主创新能力显著增强，形成以企业为主体、产学研相结合的技术创新体系，培养和造就一支高素质产业人才队伍。

二、2025 年目标

到 2025 年，机床装备产业全面升级，形成具有自主创新能力的研究开发体系，国产数控系统和关键功能部件基本满足主机及自动生产线配套需求。其中：

1）标准型、智能型数控系统国内市场占有率分别达到 80% 和 30%，主轴、丝杠、导轨等中高档功能部件国内市场占有率达到 80%。

2）高档数控机床总体进入世界强国行列，高档数控机床与基础制造装备国内市场占有率超过 80%，部分产品居国际领先水平。

3）在精密成形制造技术，特大型构件成形制造技术，特种成形制造技术，数字化、网络化、智能化成形制造技术，以及绿色成形制造技术等领域提供一批世界一流的创新成果。

4）在设计创新能力、先进制造工艺技术水平、核心零部件自主化、核心工业软件等方面均取得重大突破，实现技术装备供给迈向中高端。

5）基础制造装备行业节能减排 30% 以上，节材 30% 以上，60% 的工厂实现制造过程绿色化、数字化，配套能力显著增强。

6）拥有若干具有国际竞争力和影响力的机床产业企业和一批专精特"小巨人"企业，形成一批国际知名的机床、工具品牌。

第三节　重点发展方向

在新形势下，我国高档数控机床与基础制造装备在产业链安全可控性方面存在较大风险，制造高档数控机床与基础制造装备的工作母机一直遭受封锁，高档数控系统及高端核心零部件存在禁运风险，高端工业软件基本由国外所垄断。这就要求我国高档数控机床与基础制造装备向超快、超高、超常和极大、极小、极端环境的"三超、三极限"，智能化、绿色化、轻量化以及工艺与装备复合、结构设计与制造一体化复合、多工艺工序复合的"三化、三复合"等方向发展。

一、重点装备

1. 数控加工机床

（1）数控车床和车削中心

重要性：车削加工是机械加工中应用最为广泛的方法之一，主要用于内外圆柱面、内外圆锥面、螺纹、沟槽、端面和成形面等回转体零件的加工。数控车床及车削中心是数控机床的主要品种，是国内使用量大、覆盖面广的机床产品。

发展重点：凸轮轴数控车床、数控立式车床和数控精密立式车床、数控卧式车床、数控超精密车床等。

（2）车铣（铣车）复合加工中心

重要性：车铣（铣车）复合加工中心是复杂多工序零件实现高效率、高精度加工的有效手段，也是近年来发展最快、应用最为普遍的复合机床。国内车铣（铣车）复合加工中心现进入成长期，一些骨干企业已经掌握了车铣复合机床基本结构原理及控制技术，产品性能、精度接近国外同类产品。

发展重点：数控立式铣床、车铣复合加工中心、精密双主轴车铣复合加工中心、数控曲轴铣床、蒙皮镜像铣床，以及适用不同领域的复合型车铣加工中心等。

（3）高速、精密加工中心

重要性：高速、精密立式及卧式加工中心市场需求量大，在有色金属和难加工材料零件的批量生产，以及中小零件及模具加工中具有不替代的作用。

发展重点：立卧转换加工中心，四坐标立卧转换加工中心，带 B 轴的四坐标立卧转换加工中心，带 A 轴的四坐标立卧转换加工中心，面向航空航天等重点领域拓展高速、精密、多轴、复合等卧式加工中心产品系列，以及机床行业自我应用装备。

（4）五轴联动加工机床

重要性：五轴联动加工机床对一个国家的航空航天、军事、科研、精密器械、高精医疗设备等行业的发展有着举足轻重的作用。目前，五轴加工等高技术关键装备基本依赖进口，大型五轴联动数控机床的市场份额为国外品牌所占领。开发具有自主知识产权的五轴联动加工中心，从而打破外国的垄断和技术封锁。

发展重点：航空航天领域用钛合金及高温合金结构件、叶轮、叶片等数控加工五轴加工中心，大型卧式翻板加工中心等，船用螺旋桨、重型发电机转子、汽轮机转子、大型柴油机曲轴加工用五轴联动加工中心等。

（5）数控镗铣床

重要性：数控镗铣床集镗床和铣床的功能于一体，可完成镗孔、钻孔、扩孔、切沟槽以及平面铣削等加工，具有加工效率高、精度好等特点，可明显提高产品品质和生产率。目前，国内数控镗铣床的精度还远不能满足国民经济重点行业向高端发展的加工需要。

发展重点：高速、精密镗铣复合加工中心等。

（6）精密超精密机床及微纳制造装备

重要性：精密超精密机床及微纳制造装备在国民经济建设和国防安全中有着举足轻重的作用。战略性新兴产业的发展和极端制造技术的快速发展，有力地推动了精密超精密机床及微纳制造装备的发展。

发展重点：脆硬难加工材料轴类零件超高速精密外圆磨床、切点跟踪曲轴磨床（数控曲轴磨床）、五轴工具磨床、保形（共形）光学超精密磨削机床、机械化学抛光（CMP）设备、光化学加工设备、磁性液力浮动抛光设备、微细电火花加工等复合能源加工机床、微纳级激光精密精细加工设备等。

（7）数控重型机床

重要性：数控重型机床主要用于大型、特大型零件的加工，具有加工工况多变、大变载和大行程、高速度和高加速度、品种多、批量小等特点，是国防军工、航空航天、船舶、能源、交通、冶金、机械等国家重大工程的关键设备。

发展重点：重型超重型龙门加工中心、五轴联动重型车铣复合机床等。

（8）数控特种加工机床

重要性：数控特种加工机床是精密模具、航天、航空、军工、汽车、半导体等关键制造领域的关键加工装备，加工精度高，表面质量好，可以加工淬火钢、硬质合金、钛合金等难切削材料，在制造过程中发挥着难以替代的作用。数控特种加工机床市场长期以来一直被国外著名厂商所垄断。

发展重点：电火花加工机床、低速走丝线切割机床、叶盘精密高效电解加工设备、高效数控放电铣削机床、激光精确成形装备、高性能磁脉冲成形设备等。

2. 基础制造装备

（1）航空航天装备大型结构件及微纳零件精密制造与装配装备　重点开发10m级大型运载火箭原位焊接装备、2t级钛合金高效加工热氢处理装备、多维摩擦焊、超塑/扩散成形、精密控制热处理、结构疲劳及承载力测试装备、大飞机及大型火箭数字化总装、跨尺度复杂结构微纳零件、三维空间精密检测精密制造与装配装备等。

（2）航空发动机制造关键装备　重点开发针对高温合金叶片、整体叶盘叶轮、涡轮盘、盘轴、机匣、传动轴、燃烧室部件等关键零部件的加工设备，发动机涡轮盘/钛铝叶片智能锻压装备，整体钛电极挤压装备以及重载惯性摩擦焊、碾压成形、单晶叶片定向凝固铸造、高温真空热处理、表面强化、激光微孔成形装备、狭窄工作面喷丸设备等。

（3）船舶及海洋工程装备关键制造装备　重点开发船舶及海工高强钢板单面焊双面成形（FCB）、曲面分段柔性支撑、高功率激光复合焊、多点压力成形等平面、曲面分段流水线关键装备，大型柴油机缸体、曲轴、齿轮、叶片、海工齿条等先进加工成形装备，海上风电大型程控双作用水下液压打桩锤，水深超过1000m深海水下焊接修复及水液压驱动的深水作业装备，深海大型工作站大型钛合金高效制造装备及生产线。

（4）汽车关键零部件加工成套装备与生产线　重点开发汽车发动机/变速箱等高效加工/近净成形装备及成组工艺生产线，高性能铝合金铸件挤压铸造成形生产线和真空反重力铸造成形生产线，多车型新能源汽车底盘结构件焊接生产线，柴油高压共轨、汽车安全、超高强钢/铝合金/镁合金/碳纤维汽车零部件、新能源汽车机电耦合系统等高效加工、在线检测与装配成套装备，圆柱电芯锂电池包装智能生产线，动力蓄电池大规模智能制造成套装备。开发面向中高端车型，以超高强钢/铝合金/碳纤维轻质高强材料应用为方向，车身钢铝混合板材伺服冲压、轻量化异种材质混合车身、伺服冲压/模压成形、大型变截面梯度结构复合材料构件三维织造成形装备，高效连接（激光焊接、铆接、粘结）、多种材料合成焊装、轻质材料车身涂装、环保节能型涂装、采用机器人装配等生产线。

（5）大容量电力装备及新能源制造装备　重点开发百万千瓦级核电主管道、壳体类等关键部件的电渣熔铸—锻造—挤压成形工艺与设备，汽轮机焊接转子制造成套装备，百万千瓦级水轮机转轮焊接成套装备，超高压输变电设备精密制造装备，数字化装配成套装备。

（6）轨道交通装备关键零部件成套加工装备　重点开发铝镁合金/不锈钢车体的高效激光/搅拌摩擦焊新型装备，30t轴重重载电力机车核心零部件制造装备，120km/h以上移动式高速焊轨设备，时速350km/h以上列车用齿轮、轴承、轮对、转向架、制动系统等轻量化加工成形成套装备，辙叉加工生产线等。

二、关键零部件

1. 数控系统

重要性：数控系统是决定机床性能、功能、可靠性和成本的核心关键部件。数控系统可靠性和性能的好坏直接关系到数控机床应用的成败，影响到我国数控产品和国外产品的竞争能力。长期以来，我国高档数控系统基本依赖进口，五轴联动以上数控系统国外至今限制我国在国防工业上使用。数控系统技术落后成为制约我国数控机床产业发展的瓶颈。

需求：国产高档数控系统技术有所突破，但产品的可靠性设计、生产工艺、可靠性考核、质量控制标准等规模化生产技术落后于国外先进水平，导致用户对选用国产数控系统顾虑重重，外国品牌依然占据较大的国内市场份额。

重点发展：标准型数控系统，智能型数控系统，满足为高档数控机床配套的数控系统。

2. 滚动功能部件

重要性：滚动功能部件是数控机床的关键配套件，包括：各类滚珠丝杠副、滚动直线导轨副、行星式滚柱丝杠副、滚珠花键、滚珠导套、滚动元件组合单元等。

需求：随着数控机床发展水平的提高，提高产品可靠性和精度保持性是功能部件产品急需解决的问题之一，对滚珠丝杠副、滚动直线导轨副等机床功能部件提出了更高的要求，加快改变功能部件工艺和设备落后的局面。

重点发展：滚珠丝杠和直线导轨，滚珠螺母和滑块，圆弧滚动导轨、行星滚珠丝杠、滚珠丝杠花键轴承复合单元等新型高性能功能部件。

3. 刀架、刀库及换刀装置

重要性：我国通过消化吸收和创新，数控刀架已形成规模化生产能力，为中档数控机床配套的转塔刀架和盘式刀库等产品规格系列相对齐全，但数控伺服刀架和动力刀架、大型链式刀库和换刀机构等基本依赖进口。

需求：伺服刀架（普及型）市场份额主要被中国和欧洲占有，其中，中国台湾企业占 65%~70%，中国大陆企业占 20%，欧洲企业占 10%。

重点发展：嵌入式直驱回转部件、立式伺服转塔刀架、大型链式刀库和换刀机构。

4. 精密回转工作台

重要性：精密数控回转工作台是数控机床上的关键功能部件之一，主要用于与机床配套并完成机床的各种功能，对保证机床基本功能的充分使用，扩大机床的使用工艺性能、使用范围，保证加工精度，提高生产效率，减轻劳动强度等都起着重要的作用。

需求：双摆回转工作台、精密回转工作台应用于连续复合曲面加工设备，特别是满足精密数控镗铣床、五轴加工中心、数控滚齿机和磨齿机等配套需求。

重点发展：回转工作台传动结构及消隙系统，转台关键零部件的加工与装配工艺、静态锁紧刚性技术，转台动态特性的可靠性分析等关键技术。

5. 摆角铣头

重要性：摆角铣头是多轴联动机床配套的关键部件。当前航空工业为了增加航空器的机动性，增加有效载荷和航程，降低成本，其典型零件进行轻量化设计和大量采用高温合金、钛合金、高强度钢等新型轻质材料，而且多为结构复杂的薄壁件、蜂窝件，多轴联动机床的摆角铣头就显得尤为重要。

需求：强力摆角铣头、立卧铣头等主要为五轴联动加工、五面体加工等数控机床配套，广泛应用于航空、航天、军工、发电设备等领域，如大型发电机组复杂曲面叶片、船用螺旋桨等五轴联动加工机床。国内开发的摆角铣头在速度、精度、可靠性等方面与国际水平有一定差距，目前基本依赖进口。

重点发展：摆角铣头、直驱摆角铣头，以及结构优化设计、性能分析测试与评价、高精度自动分度、制造工艺等关键技术。

6. 刀具及高速工具系统

重要性：我国刀具与国外先进刀具的差距主要体现在稳定性、可靠性和刀具应用技术方面，高精度铣削以及工具系统、高精度复合刀具在精度和使用寿命上低于进口产品。在汽车关键零部件加工领域（以发动机缸体加工用刀具为例），整体硬质合金刀具、铣削刀具、工具系统和复合刀具等几乎全部被国外垄断。在航空领域，国产刀具的比例更低。

需求：我国高性能数控刀具年消耗量约 160 亿元，主要分布在汽车、航空航天、能源、模具及通用机械加工行业。我国数控刀具年增长率在 10% 左右，发展潜力大。国外品牌通过完善的配套体系和交钥匙工程，占据中国的高端市场，约占中国市场刀具消耗量的 35%。

重点发展：超硬刀具、可换头刀具、高精镗刀、抗振刀具等，适用于钛合金、高温合金等材料的高效硬质合金及超硬材料刀具系列产品，以及适用于加工汽车发动机、变速箱等高精高效切削刀具系列产品。

三、关键共性技术

1. 数字化设计技术

重要性：数字化设计技术是机床产业的基础共性技术，对于提高企业的创新能力和快速响应市场变化能力、缩短产品设计与制造周期、降低开发成本等具有重要的现实意义。

需求：我国在机床整机与关键部件模块化设计、基于结合面的数控机床动静态精度预测技术，以及基于特征的自动数控编程技术等方面取得了一些研究成果并在企业中应用，但由于产业技术基础薄弱，数字化设计与模拟仿真技术推进缓慢，已成为产业升级的制约因素，数字化设计和模拟仿真技术亟待加强。

主要研究内容：运动模拟技术、刚度特性分析、动力学建模、优化设计、数据库建设等。

2. 全数字控制和伺服驱动技术

重要性：全数字控制和伺服驱动是数控机床核心技术，是推动产业升级的重要基础，对航空航天、船舶、汽车、发电设备制造所需要的高档数控机床装备起着至关重要的作用。

需求：近年来，我国在全数字化高速高精运动控制的高精度直接驱动方面的研发进展速度相对较快，高速运动控制技术性能已达到行业技术进步既定的目标，研制了额定扭矩为150~3300N·m的大扭矩力矩电动机及驱动装置，部分采用直驱电动机技术的机床已进入市场。但与数控机床发展的需求相比，还存在一定差距。

主要研究内容：智能型开放式数控系统，高精轨迹和运动控制技术，高速、高精度伺服驱动技术，远程监控和故障诊断技术，现场总线技术，全集成数字化（TID）技术，制造执行系统（MES），全集成数字化软件平台等。

3. 自动测量和检测技术

重要性：自动测量和检测技术是机床智能化的重要组成部分，对提高机床的生产率起着举足轻重的作用。测量与检测技术装备正朝着便捷化和智能化方向发展，近年来在线测量、非接触测量技术发展迅速。

需求：我国在自动测量和检测技术方面已有一些基础，数控机床智能化故障预警和诊断系统已投入使用，但与工业发达国家相比，还存在一定差距。

主要研究内容：数控机床在线自动测量、自动补偿技术，在位测量、测量数据适时反馈、加工系统适时修正的全闭环加工—测量系统，汽车、航空航天领域关键零部件加工的在线自动测量及分选技术，在线测量软件、仪器，机床接口基准量值传递系统。

4. 动态误差补偿技术

重要性：热误差是影响机床精度的重要难题之一。动态误差补偿技术可实时补偿进而提高加工精度，是提升机床精度的经济有效的途径。随着制造技术与信息技术的加速融合，误差补偿已成为精密制造工程的重要技术之一。目前国外先进数控系统已配备了热误差补偿功能，但对外实行技术封锁且价格高。

需求：动态误差补偿技术是我国机床产业结构调整与升级急需突破的技术之一。我国虽已初步掌握精密数控机床几何与热误差建模、参数辨识与补偿等技术，开发了可用于嵌入数控系统的误差补偿软硬件模块并实现了应用，但与国际先进水平相比仍存在较大差距。

主要研究内容：数控机床热误差、力误差等形成机理，动态精度的机理，多轴联动机床精度保证技术，几何误差、热误差、动态误差的综合补偿技术，误差补偿模块和可嵌入数控系统的软硬件，综合误差实时补偿软硬件，变形误差预测与补偿系统集成技术等。

5. 可靠性设计与试验技术

重要性：可靠性设计与试验技术是提高机床可靠性和质量稳定性的保障性技术。我国机床的短板是可靠性和质量稳定性达不到预期。目前国产数控机床平均无故障工作时间仅为 1000h 左右，国外机床已超过 2000h 甚至更高。机床精度保持周期较短，使用 2~3 年后精度下降，国外机床的精度保持周期可达到 5 年甚至更长时间。我国机床与国际先进水平相比，存在明显差距。

需求：我国已经制定了一批数控机床和数控系统可靠性设计、可靠性试验和可靠性评估技术规范，建立了数控机床可靠性数据库，研制了能够模拟实际工况的数控机床可靠性台架加速试验系统，但行业长期存在的轻工艺、轻中试验证、轻标准的状况尚未有根本性改变，可靠性技术及精度保持性仍需认真研究。

主要研究内容：覆盖全生命周期的可靠性设计、试验、评价技术，关键功能部件与机床主机可靠性指标匹配、可靠性量化指标及评价方法等，为数控机床主机平均无故障工作时间达到 2000h、数控系统达到 30000h、功能部件可靠性满足主机配套要求，提供技术支撑。

6. 多轴联动加工技术

重要性：多轴联动加工技术是复杂曲面零件制造的关键技术。我国在多轴联动加工基础理论、工艺优化、刀具开发、数控编程、加工仿真等关键技术，以及软件平台和数据库开发等方面落后于世界先进水平。

需求：在高性能复杂曲面多轴联动加工技术领域，由于刀具、工艺、编程以及机床动态特性等方面问题而导致的零件加工质量差、加工效率低已成为制约其加工效果的瓶颈。我国重大装备对复杂曲面零件多轴联动加工技术需求迫切。

主要研究内容：多轴联动加工工艺、编程技术、评价方法、刀具参数优化、运动轨迹仿真、精度补偿、工艺优化关键技术等。

7. 铸锻焊及热处理过程数字化、绿色化、智能化技术

为满足机械工业对于节能减排、可持续发展的需求，重点突破高精度、高效率的铸造缺陷定量化预测技术，气体辅助压力熔渗复合材料成形装备，多物理量、多尺度耦合模拟技术，伺服直接驱动的分散多动力技术，网络化焊接制造系统和云端信息互联互通技术等关键技术。

8. 大型复杂薄壁轻合金精密铸造成形技术

为满足汽车轻量化，航空薄壁复杂铝、镁合金铸件加工等对铸件充型凝固

及尺寸精度控制越来越高的需求，重点突破大型（尺寸2000mm以上）薄壁复杂铝、镁合金铸件铸造成形技术，铝基和镁基复合材料的高效铸造成形技术，大容量钛合金真空自耗凝壳熔铸炉及熔铸技术，特种钛合金铸件的金属型铸造和压力铸造技术，燃气轮机叶片定向凝固技术等关键技术。

9. 极限尺寸金属件形性精确调控精确塑性成形技术

根据汽车制造、航空航天、发电设备等支柱产业对冷温精确成形技术的需求，逐步提高锻件的精密化、自动化、轻量化生产水平，重点突破轻金属冷温精确塑性成形技术，黑色金属冷温精确塑性成形技术，冷温精确塑性成形模具技术，冷温锻生产线自动化技术等关键技术。

10. 轻量化及异种材料智能化绿色焊接及绿色改性技术

为满足航空、航天、汽车及能源工程等领域轻量化材料精密、高性能焊接和智能化、绿色化焊接加工的需求以及航空航天、核电、石油、船舶等领域对零部件的长寿命、轻量化、高可靠性的需求，重点突破电子束偏转技术，多束流电子束焊接技术，超窄间隙激光焊接技术，强物理场材料组织调控技术，超短脉冲激光技术，高性能电子枪和电源与聚焦、扫描系统，化学热处理后表层改性和表层改性后电镀等复合处理技术，高能深层改性技术等关键技术。

11. 大型变截面梯度结构复合材料构件三维织造成形技术

为满足航天、航空、汽车等领域对于高抗冲击损伤性能、高力学性能和耐烧蚀性能复合材料复杂结构件高精、高效、智能化加工的需求，重点突破高性能纤维多轴向经编技术、高效多功能的基体材料等纺织结构柔性复合材料技术等关键技术，建立多相材料的界面性能数据库。

四、创新体系建设及示范应用

1. 研发中心建设

（1）加强产业技术创新中心建设 盘活现有国家、行业、企业三个层次的机床技术研究开发资源，形成具有自主创新能力的产业技术创新体系。新建数控机床、增材制造等产业技术创新中心等一批技术研发平台，推进跨领域、跨学科的协同创新，推动机床产业全面升级。

（2）实施协同创新工程 完善现有各类国家和行业创新机构，依托数控机床技术创新中心、增材制造创新中心和机床产业已有的国家重点实验室和工程实验室、国家工程（技术）研究中心、国家认定企业技术中心、行业重点（工程）实验室和工程（技术）研究中心等，加强产业基础共性的研究与推广应用，加速推进传统产品的结构调整与升级。加强与"3C"产品加工设备、医疗器械、制造性服务等新兴需求领域的协同创新，打造完整产业链，走"创造需求、引领消费"发展道路。在增材制造等领域，力争与工业发达国家同步发展。

2. 示范应用

（1）"三机"制造示范工程　开发汽车发动机、航空发动机、重型燃气轮机关键件所需要的加工和成形成套装备，逐步替代进口，打破国外垄断封锁。

（2）汽车车身及关键零部件自动化生产线　研发汽车变速箱及桥的齿轮、壳体、轴类等汽车零部件加工所需数控机床及生产线等，超强钢、铝合金及复合材料等轻量化覆盖件、结构件的冲压成形、高效连接、涂装生产线等，并形成示范应用，实现进口替代。

（3）国产高档数控装备在航空航天领域的综合应用验证与示范

1）航空领域：面向航空产品制造的重大需求，在钛合金/铝合金大型结构件和异形复杂结构件加工中，开展国产数控机床、国产数控系统、国产功能部件、国产刀具及共性技术等的综合应用验证与示范。

针对飞机复杂大型钛合金框类零件的生产能力瓶颈，开展国产五轴数控机床与国产数控系统的成套成线示范应用，使飞机复杂大型钛合金框类零件五轴加工应用示范线全部采用国产五轴联动数控设备进行复杂飞机钛合金结构件的精加工。

2）航天领域：针对航天产品复杂结构件制造装备国产化替代，研发钛合金及高温合金结构件数控加工五轴加工中心、运载火箭阀门密封结构成形数控机床、自动化总装加工与数字化测试集成设备等关键成套装备。

示范应用大型落地数控镗铣床、大型卧式翻板加工中心、重型五轴加工中心、大型立式车铣复合加工中心、机器人集群自动钻铆、大型复合材料构件自动铺丝/铺带等国产数控装备，开发结构化工艺设计系统、数字化物流系统、信息化质量控制系统、智能化生产管理等数字化生产线管控系统，建立航天产品制造应用国产高档数控装备的数字化、智能化示范应用生产线，建立感知、检测、执行等数字化、智能化制造系列规范标准等。

第五章 产业支撑体系保障及提升路径

第一节 经 验 总 结

我国生产高档数控机床的企业不少，其中不乏有特色有专长有效益的企业，为我国高档数控机床产业发展发挥着重要作用。

一、我国机床装备产业支撑体系发展模式

1. 大而全的国有企业

北京北一机床股份有限公司始称北平机器总厂，成立于 1949 年 6 月 30 日。经过 70 年的持续发展与转型，现在已成长为国有控股的大型机床制造企业。在北京和河北有 3 个制造部和 13 家参控股子公司，在境外有 2 家全资子公司，拥有"国家认定企业技术中心"称号，企业发展使命是"做用户的工艺师"。产品涵盖：重型机床产品的数控龙门镗铣床、数控落地镗、数控立式车床、导轨磨床；中型机床产品的数控铣床、数控磨床、数控车床、加工中心、车铣复合机床、激光雕刻机、钻削中心、五轴联动叶片/叶轮加工中心、数控珩磨机、高精度外圆磨床、数控磨床、普通外圆磨床、专用磨床、超精加工机床、自动生产线、普通铣床、成套设备、功能部件等。产品广泛应用于汽车、航天、船舶、发电、轨道交通、模具、机械等行业。北京北一机床股份有限公司今天已经成为为国民经济的发展提供先进、精良装备的核心企业，站到了具有全球竞争力的专业机床制造与服务供应商的更高起点和平台上。

北京北一机床股份有限公司的数控重型桥式龙门五轴联动车铣复合机床被列为"高档数控机床与基础制造装备"科技重大专项十大关键技术，产品作为专项十大标志性成果在"大国重器"中被推介。生产的 XKA28105×300 重型数控桥式动梁龙门复合铣床在哈尔滨汽轮机厂应用，解决了超大核电零件的加工问题，使其核电大型关键零部件制造技术达到了国内领先水平，为我国自主发

展第三代核电技术提供了有效保障，创造产值近亿元。

为保证产品的高质量，北一机床股份有限公司不惜投入大量资金进行设备更新，其加工手段达到世界一流水平。生产基地内许多加工设备在国内甚至是唯一的，而如此众多高精设备同时在一个企业中出现，在国际上也很罕见。在众多设备中，特别是关键零部件的关键工序，均采用世界著名厂商的设备制造。床身、立柱、横梁、滑枕、滑鞍等基础零部件由德国 Waldrich Coburg 公司 3.2m×22m 桥式龙门加工中心、2.5m×8m 工作台式龙门加工中心、2.5m×10m 导轨磨床以及日本 OKUMA 公司 2.5m×5m 五面龙门加工中心制造；箱体类零件由日本 YSASDA 公司 1m 数控坐标镗床、德国 B&W 公司 1500 卧式加工中心、日本 OKUMA 公司 630、800、1000 卧式加工中心和 650 立式加工中心制造；轴类零件特别是主轴零件由日本山崎马扎克公司 INTEGREX 50YB 车铣复合加工中心、瑞士 STUDER 公司 S40 和 S33 数控万能内圆磨床、瑞士 VOUMARD 公司 150 CNC 数控内圆磨床制造；端齿盘零件由德国 BLOHM 公司的 PLANTOMTA 数控端齿盘制造；凸轮式机械手的关键零件——弧面凸轮由德国 EMAG 集团下属公司 KOPP 的数控凸轮铣磨床制造；弧齿锥齿轮和弧齿端齿盘零件的热处理由德国 KLINGELMNBERG 公司可控气氛箱式多用炉生产线完成；此外，还购置了多台德国 ZEISS 公司以及英国 LK 公司的三坐标测量机、英国 TYLOR HOBSON 公司的圆柱度仪、德国 MAHR 公司的粗糙度轮廓仪等。这些世界一流的设备将可保证为用户提供最值得信赖的"北一"产品。

2. 专精特的民营企业

常州市新墅机床数控设备有限公司是一家科技型民营企业，1985 年成立，是专业生产数控刀架的厂家，先后开发生产了 15 大系列 180 多个品种和产品，是目前国内刀架产品系列最全、品种规格最多的生产厂家之一。企业目标是"做中国一流的机床功能部件配套企业"。获"江苏省高新技术企业"荣誉称号。

公司聘请了意大利资深工程师驻厂主持研发工作，通过对模块化、快速化开发的研究，有效提升了产品开发速度和性能指标，快速缩短了国产数控刀塔与国外同类产品在品种、性能上的差距。公司 2009 年牵头承担国家科技重大专项课题"Y 轴全功能数控动力刀架"，2012 年牵头承担"SLT 系列伺服转塔/动力刀架产业化关键技术开发与应用"课题，是行业内刀架项目研发的主力承担单位，获得较好评价。

在制造装备方面，公司配备了德国 BLOHM 精密数控端齿磨床，高精度内外圆、端面一体专用化磨床，大隈及国产数控卧式加工中心、车削中心、立式加工中心、专用机床等加工设备，海克斯康三坐标测量仪、精密高度测量仪、数显准直仪、高精 24 面体棱镜等检测仪器，可满足高品质、高可靠性产品的制造和检测要求。近来公司又新增了刀塔主要零部件的关键加工设备，设计了加工专用工装并申请了国家专利。同时对其他相关生产设备也进行了大范围的更新，数控化率达到 90%，有效保证了产品的精度、性能指标及可靠性要求。公司还将对刀塔的主要零部件，如箱体、齿盘、刀盘、互换性刀座等进行工艺验证和性能测试，继而优化工艺参数、确定工艺和设备能力系数，以满足国产中高端数控刀塔用户对生产质量、效率、成本和柔性的需求，实现数控刀塔的规模化生产。

3. 几点思考

1）我国机床在精度补偿、数控系统的体系结构、高速高精控制算法、伺服驱动等方面有所提升，使得国内数控系统在高速、高精、五轴加工和智能化功能等方面有了一定的竞争力，但在可靠性和精度保持性方面和国外产品仍有较大差距，用户在关键的工序控制上对国产机床仍有疑虑。由于核心功能部件水平稳定性存在差距，机床、功能部件和数控系统间的匹配性不高，导致机床整体可靠性、精度保持性较低。数控机床核心技术的短板，成了中国数控机床迈向高端的门槛，同时，提升产业基础共性技术，已经成为我国高档数控机床发展的关键所在。

2）国有大企业有国家做后盾，企业研发和制造的投入都较大，机会也相对较多，承载着更多的责任和义务，为大国重器做出了突出贡献。建议政府支持重点国有企业发展前沿产品，解决用户前瞻性问题，努力做到生产一代、研制一代、储备一代的产品替代模式，真正"做用户的工艺师"，引导用户使用优质国产数控机床，起到行业引领作用。民营中小企业的发展主要以自身积累为支撑，往往有"力不从心"的感觉，研发和制造的投入只能小步进行，因此政府要鼓励企业形成自有产品特色，针对薄弱环节有的放矢地给予政策和资金支持会更有效，鼓励机床企业配套和政府采购，为打造"行业小巨人"提供平台。

3）数控机床产业的发展，不仅需在应用技术层面上与国外的产品进行竞争，还要在基础技术上获得突破，全面掌握关键核心技术，实现产品创新，同时降低成本和提高产品质量，才能使企业获得经济的增长和产业的健康发展，从而壮大我们的民族工业。

二、国际先进经验

美国先后发布并实施"先进制造伙伴计划""国家制造业创新网络计划"等战略，提出了新一代制造过程及加工工艺技术、新材料研发、使能技术研发、工业环节研究等四大领域，以及增材制造、创新纤维纺织、低耗能半导体、轻质金属制造、复合材料、下一代电子电力制造技术、光子集成、数字化制造与设计创新等九个创新项目，旨在加强研究先进传感与控制、开源数字化设计制造平台、轻量化材料创新、工业级先进计算技术、数字化制造等前沿技术方向，重点构建国家先进制造业创新网络，推动美国先进制造业的持续技术创新，促使制造业回流本土。

欧盟提出"地平线2020"，主要研究国际前沿和竞争性科技难点，几乎囊括了欧盟所有科研项目，分为基础研究、应用技术和应对人类面临的共同挑战三大部分，通过加大资助力度、加大对欧盟层面不同资助计划的整合、简化项目申请和管理等流程、探索新的资助机制等方式，整合各国的科研资源，提高科研效率，促进科技创新，推动经济增长和增加就业。

德国提出了"工业4.0"战略，以信息物理系统（CPS）为核心，侧重于将机器、存储系统和生产设施整合成为智慧工厂并以此推动全新的制造模式诞生，增强德国制造的竞争力，为德国的工业设备出口开拓新的市场，同时转变以往只卖设备而服务性收入比重较小的状态，将重心从产品端向服务端转移，增强德国工业产品的持续盈利能力。

英国政府推出了"未来制造"，该战略提出了英国未来50年制造业的特点，如快速敏锐地响应消费者需求、把握新的市场机遇、建立可持续发展制造业、培养更多的技术工人、加大力度培养高素质的劳动力等。通过科技改变生产，在未来采用信息通信技术、新材料等科技与产品和生产网络的融合，改变产品的设计、制造、提供甚至使用方式，重点推进传感、信息通信和制造技术的发展。

法国政府为解决能源、数字革命、经济生活三大问题，推出了"新工业法国"计划，将法国"再工业化"总体布局定为"一个核心，九大支点"，主要内容是实现工业生产向数字制造、智能制造转型，以生产工具的转型升级带动商业模式变革，重点聚焦大数据、云计算、网络安全等前沿技术。

日本调整创新方向，开始在上游的原材料及使能技术、关键装备及零部件领域拥有更多的话语权，在《2015年制造业白皮书》中明确提出将人工智能和机器人领域作为重点发展方向，同时将加强在材料、医疗、能源和关键零部件领域的投入。

第二节　支撑体系保障措施

机床装备产业发展支撑体系，应以满足用户需求和提升行业应用水平为目标，从基础技术、市场开发、产品设计、制造工艺、过程控制等到为用户提供整体解决方案，应大力提升技术水平、价值内涵和产品品质，推动产业化能力建设，有效控制成本，提升整体产业的竞争力。我国数控机床与基础制造装备产业发展支撑体系架构如图 5-1 所示。

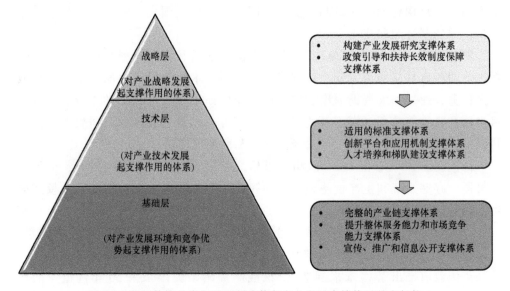

图 5-1　我国数控机床与基础制造装备产业发展支撑体系基本架构

一、构建研究支撑体系

政府可设立制造强国建设战略咨询委员会，为机床装备产业规划实施提供持续的、高水平的决策咨询。以用户需求和技术创新为目标，提供准确的国内外竞争情报和产业数据分析；营造创新环境，为提高产品科技含量提供信息和技术支撑。不论产业发展前景如何，因数控机床产业的特殊地位，国家应持续不断地支持和引导企业、科研院所、用户、材料及零部件供应商等提高创新意识和能力，为提升产品的市场竞争力做出努力。支撑体系可考虑从以下几个方面进行布局：

一是将数控机床与基础制造装备产业作为提升综合国力的基础性产业。政府应全面介入科学技术的研究、推广和应用过程之中，将科技创新上升为政府和科研机构、企业及用户共同的事业。政府要直接参与科技创新的全过程并进行战略规划并加以引导，创建国家级研究机构，既要进行战略性的、前沿性的、基础共性的技术研究，也要进行创新技术在工厂的推广和落地的研究，使研究成果真正在企业生根发芽并创造良好的经济效益。

二是谨慎有效地进行国际间合作，实现双赢。需要对产业现状进行深刻剖析，找到产业发展的薄弱点和技术瓶颈，以自身技术、人才、市场的优势作为谈判筹码，以改善资源的利用方式、提高资源利用率、促进生态环境保护作为核心关注点，通过有实际价值和成效的合作，共同促进经济的健康发展，保障可持续发展的综合国力的全面提升。

三是从资金、体制、机制、政策、人才等各方面强化国家级机床装备科技创新体系建设，构建功能齐全、符合国民经济发展需求和国际竞争需要的创新体系。将科技创新与投资的资金挂钩，激励企业和创新平台创造高附加值的产品，为机床装备相关专业的科技领军人才提供高薪职位。不仅要用自己的创新技术与产品保住国内市场，还要用高附加价值的产品开拓国际市场，特别是要进入欧美及日本市场，需进一步提升自身产品的技术水平和应用能力。增强投资科学技术的创新思维和意识，保障中国在国际竞争中具有坚实的基础和有力的地位。

四是建立产业情报服务平台。免费提供在全球竞争中的各类热点和敏感情报信息；多维度地解析产业竞争中面临的宏观经济风险、政策风险、贸易风险、投资风险、运营风险、争端与诉讼风险等；关注各国数控机床与基础制造装备产业重要的政策变化、重大事件等；及时披露相关的贸易摩擦、知识产权壁垒、预警等各类信息；跟踪国内外新产品、新技术、新专利、新的研发工具与手段、新的发展动向等情报，开放并共享科技信息资源，为产业科技创新能力的提升提供服务支撑，为政府创新政策的制定、创新投入与配置、创新成果的有效输出与转化等决策提供依据。

二、政策引导和扶持长效制度保障支撑体系

一是政府的资金资助应得到有效利用。产学研用合作的基础是互惠和促进技术进步，科技研发与成果转化要同时进行。政府应建立资金支持的长效机制、科研成果转化和商业化的监督机制，以及技术引领作用的评价机制，并根据技术发展及市场变化进行及时调整与改进。

二是政府引导为行业营造公平竞争环境。发挥市场的主导作用和企业的主体作用，强化产业政策的竞争激励功能，在事前审批的基础上注重事中事后的监管，推动产业持续健康发展。建立公平竞争信用体系，完善市场监管体制，增强知识产权保护意识，有效保护和激发企业的创新积极性，优化公平竞争的营商环境。

三是扩大对外开放合作。有效利用国内国际两个市场、两种资源，鼓励企业发挥自身优势，用国际大舞台来检验国产数控机床与基础制造装备，参与国

际竞争，提高其适应能力。引进资金与引进国际先进技术、管理理念和高端人才相结合，在消化吸收再创新上下功夫，不断提高产品质量，加强管理，降低生产成本，以积极的态度参与竞争，开发具有自主知识产权的新产品，促进企业深度嵌入全球产业链。

四是打破行业壁垒，提升国产装备应用水平。优先优惠采购国产装备，特别是国家投资的项目应要求自主产品达到一定比例，在国家重点领域产生示范效应，起到以点带面的作用，加快国产装备推广应用。引导企业建立国产首台套产品投保机制，政府可给予保费补贴。政府采购和国有企业采购必须优先购买国产设备或国产首台套产品，并给予价格补贴。严格进出口调控制度，培育民族品牌走向世界，替代进口，提升出口能力。

三、建立适用的技术标准体系

一是充实与完善标准体系，以成熟的与国际接轨的技术法规及技术标准做支撑。

二是加强基础标准的制定。在产品设计和开发各阶段的指导性标准、产品制造过程的控制性标准、产品营销过程的战略性标准以及检测评价等监督产品质量的有效性标准方面，在基础零部件、先进基础工艺、关键基础材料和产业技术基础等标准方面，在绿色环保低公害的标准及监督执行等方面，进行适用性标准的制定。

三是对已有的标准体系中的标准进行进一步的深入研究、试验和验证工作。努力提高标准技术含量，促进技术进步和产业升级，提高产品的市场准入门槛，为产品产业化打好基础，提高标准的实施效果和提升质量的指导性作用。

四是强化功能部件标准的制定。根据市场需求和产品发展需要，制定符合国情且与国际水平接轨的功能部件技术标准和规范，以更好地指导我国功能部件的生产和发展，提高产品国际竞争力。

四、创新平台和应用机制支撑体系

一是由政府领导，协调多方科技资源，引导产业链上下游企业进行实质性合作，必要的情况下引导整合国外的创新资源，组织和监督创新平台的有效运行，并给与政策和资金的支持。

二是由企业发挥各自独特的优势，特别是要利用好国有大中型企业和科技型企业的技术积淀，统一协调，最大限度地提高创新效率。突破单个企业创新能力有限的制约，提高企业创新积极性和活力，从而实现整个产业的创新。

三是由具有技术特长、能持续提供相关技术研究的科研院所参与到平台建设中，为创新过程提供新技术、新工具、新方法的支撑，提高技术创新的水平，使产业技术进步真正建立在自主创新基础之上。

五、人才培养和梯队建设支撑体系

一是加强领军人才队伍建设。培养和遴选具有前瞻性和国际视野的战略型首席科学家团队，真正潜心进行基础技术研究以及开展重大产业技术应用基础研究，紧跟或引领国际前沿技术和最先进技术，提升我国相关技术在国际上的影响力，为国家重大战略、国家重大科技项目和重大工程等的战略规划和实施提供系统且有远见的决策支撑负责；培养一批专业能力强、善于凝聚力量、具有统筹协调特长的综合型科技领军人才，进行先进技术的推广应用以及把握科研项目或产品研发合理的技术路线及实施纲领，为提升产品的科技含量和科研项目的技术水平负责；全方位培养产业技能大师，发扬工匠精神，为实现产品的高质量和高可靠性负责。

二是实行更加灵活的人才培养政策和更加开放的人才引进政策。高校的专业设置要与产业特点对接，特别要强调动手能力和实际解决问题的能力，可采用与企业联合培养的模式，设置特色专业并进行有针对性的培养，适应市场和产业发展需求的变化。重视技术工人和产业工人的培养，将传统工艺制造技术与信息化智能化制造技术有机结合，提升专科学校的技能培训水平和能力，使技术工人具有更广阔的发展空间。重点引进高层次创新人才，对有助于解决长期困扰我国关键技术、核心部件难题的国家急需紧缺人才，开辟专门渠道，实行特殊政策，实现精准引进，聚天下英才而用之。发挥政府投入引导作用，鼓励企业、高等学校、科研机构、社会组织、个人等有序参与人才资源开发和人才引进；建立以市场为导向的人才认定机制，对持有中国永久居留证的外籍高层次人才给予中国公民同等待遇；支持企业、科研机构和高等学校等进行海外并购，设立海外研发机构，加强与国外高等学校和研究机构的科研合作等，聘用国际高层次科技人才开展合作研究，充分利用当地高层次创新人才为企业服务，吸引高层次创新人才从事有益于我国数控机床与基础制造装备技术提升的研发活动等。

六、完整的产业链支撑体系

一是布局完整的数控机床与基础制造装备产品种类，为制造业提供全面服务。数控机床与基础制造装备产业的战略性地位毋庸置疑，是提升制造业创造力的基础。随着时代的发展和技术的进步，制造业的产品和对设备的需求也在不断改变，数控机床与基础制造装备产业要根据市场的变化适时跟进，应用新技术，开发新产品，以适应市场新的需要。比如为发展采矿、能源动力、船舶工业、轨道交通等领域，需要布局重型机床厂，生产立/卧式车床、齿轮加工机床、龙门铣床、导轨磨床等；为服务航空航天、电子工业、现代医疗等领域，需要布局高精度、高速度、多轴联动的数控机床；为汽车工业、轴承等大批量基础功能部件领域布局高可靠性、高精度一致性的单机和生产线系统等，以及特种加工机床，包括电火花加工、水切割、激光加工、超声切削、电化学加工等以及相应的多能量场复合加工机床，用于先进材料和复杂结构零件的加工。政府要组织企业做好市场调研工作，引导布局多个企业生产各具特色的产品，包括民营企业，使产品全覆盖制造业需求。精加工的机床和粗加工的机床要分别布局，不能够仅仅在粗加工机床基础上改进到精加工，那样是行不通的，也不利于机床技术的进步。缺口产品或种类可以采取政府招标和政策倾斜的方式鼓励研发生产。

二是打造重点产品和特色产品，为用户提供个性化服务。企业要关注、研究、应用新技术对产品进行更新换代，定期梳理以往服务过的客户以及意向用户的需求和使用情况，提炼出有代表性用户的需求特点和发展趋势，对不同用户千差万别的个性化需求进行充分分析和交流，为用户提出新的且与用户实际情况相结合的合理解决方案，并提供具有核心竞争力的产品为用户实现价值最大化。比如，为提高生产效率可以研制多主轴机床、完整加工机床、多刀库/多工位机床；为实现自动化可以配置机器人、机械手、无人驾驶转运车等；为同时实现多工序加工，可以增加辅助运动轴、辅助主轴、辅助工装等；为加工特殊零件可以单独设计增加承重能力、扩大零件装夹范围、延长移动行程等；为减少辅助装夹时间可搭载托盘交换系统和工件运送系统等。

三是将市场开发、设计、分析、制造、检测、试验及应用等作为数控机床与基础制造装备全产业链。专业的事情由专业的机构和人来做。企业要重视市场开发。市场是产业链的开端，没有市场就没有了一切。企业在数字化设计的基础上，要强化 CAE 分析，做到对自己设计的产品心中有数。通过设计—分析—改进—再分析—再改进的不断完善，最终实现产品在生产之前结构、零件基本无重大缺陷。产品制造过程中要不断进行工艺优化，设计决定着产品的成本，而工艺却是降低成本的有效法宝。制造过程的控制至关重要，不仅要控制生产效率，更要控制制造质量，因此生产全过程任何的检测环节都不能忽略。要鼓励企业建立实验室，可对国内外先进机床进行优缺点的对比试验，对自己生产的零部件进行功能试验和过程验证试验，对整机进行性能和可靠性试验等，还可以对用户加工零件进行工艺试验和应用试验研究，对用户生产过程中如何提高效率和降低成本进行研究，进行新产品批量化生产的工艺研究，对机床新技术的融入、先进零部件的应用及机床技术发展趋势的试验研究等，要知其然更知其所以然，通过采用新技术，降低成本，提高生产效率和机床开动率，最终实现提高机床可靠性及产品质量的目的。

四是完善主机生产及机床配套件生产产业链，提高机床性价比。要从铸锻件、黑色金属、有色金属、非金属及合金等原材料开始，到主机的生产、材料的热处理、外购件/配套件的采购等，每一个环节都要以满足设计要求为前提，以严格控制质量为手段，以安全并稳定可靠地运行为基础，以适应用户使用为目标，实现整个生产流程的自主控制。政府要合理布局为机床产业服务的铸造厂、钢材厂、橡胶塑料等非金属材料厂，保证机床的基本需求。有条件有基础的企业可以自己生产铸件、锻件，进行金相分析、控制热处理质量等，使产品品质和生产周期上更具优势。政府要严格标准件质量管理，从螺钉、销钉、密封圈、弹簧，到轴承、齿轮、带、链条等，以及丝杠、导轨等关键功能部件，要严肃贯彻执行标准，特别是材料、热处理、尺寸精度等关系到性能和寿命的标准。政府要布局数控系统和刀具、砂轮生产厂，这是我国现阶段最薄弱的环节，也是受制于国外的最重要环节，而这些却是充分发挥机床性能和效率的关键所在。与数控系统相关的电子元器件，要与 3C 领域对接。刀具、砂轮所需的原材料，要有专业生产厂配套。加工刀具所需的设备，要协调机床厂和刀具厂共同合作研制，这个市场是很大的。气动件、液压件要做到品种、系列、规格齐全。光栅尺、编码器等不仅要测量准确，精度高，还要与数控系统开放接口，便于实时反馈和补偿。主轴、刀库、转台等关键功能部件，要引入竞争机制，鼓励私营企业加入，为全面提升产品性能和质量做出努力。有条件的机床企业要坚持关键零部件和重要零件加工设备自制的原则，即使成本高一些，却是掌握核心技术的关键，可以准确地把控产品质量，是非常值得的。排屑装置、冷却装置、润滑系统、操作柜、控制箱、防护罩等机床附件也要得到应有的重视和相应的布局。

七、构建宣传、推广和信息公开支撑开体系

通过广告、展会、企业技术展示开放日、技术发布会、技术交流会等手段大力推广产品及服务。充分利用协会、学会、联合会、生产力中心等优势和资源，发挥行业机构的桥梁与纽带作用，为行业特别是中小企业提供有针对性的指导和服务。

第三节 产业发展提升路径

一、政府层面

1. 加强顶层设计和统筹协调

加强科技、产业、财政、金融、保险、军民融合等政策衔接，构建有利于高端机床装备创新研发及产业化应用的政策体系；设立数控机床产业发展战略咨询委员会，以用户需求和技术创新为目标，提供准确的国内外竞争情报和产业数据；确立主管政府部门，牵头从制度层面协调基础研究、应用研究、产业化等创新链政策资源，打好"科技创新2030"中重大项目、首台（套）重大技术装备保险补偿、强基工程等政策、规划、标准组合拳，形成合力。

2. 制定平稳持续投资和产业发展政策

政府对数控机床产业发展要有一个长远、持久的规划，不仅是政策层面的引导，更是要作为一个时期的专门法规来落实执行。政策的出台要有针对性，要避免朝令夕改，更不需要面面俱到。

哈佛大学商学院教授迈克尔·波特曾不无深刻地指出，所谓战略实乃差异化的选择和定位。唯有找准自己的坐标，选择特色化、差异化的策略，方能将战略谋划付诸现实。任何战略谋划以及政策措施若想发挥实际效用，必须得到贯彻落实，否则再科学的政策也只能沦为一纸空文。

建议政府从投资、税收、重点支持目标等几个方面对数控机床与基础制造装备产业给出切实可行的政策。比如对高性能功能部件，为提高其生产能力、降低成本，进行投资和税收优惠政策；为解决了汽车、航空航天、轨道交通、能源等四大领域重要制造难题的设备进行政府补贴或纳入政府采购清单，鼓励用户首选，并积极做好应用验证和可靠性考核；出台军民融合政策，把可开放的军工技术和管理经验移植到机床产业，促进数控机床产业水平快速提高；出台产业发展政策，对于生产已掌握技术或量大面广的产品，靠市场竞争引导发展；对于体现国家意志的高精尖产品，或单靠企业自身研发有困难的产品，国家提供资金支持和政策倾斜，以促进企业的研发动力和创新能力；出台政策以贷款和分期付款的方式鼓励企业购买国内机床装备，刺激企业购买新机床或进行设备投资和采用高档数控机床等。

3. 完善创新平台建设

一是继续完善国家实验室、国家重点实验室、工程技术研究中心布局。聚焦未来新型制造重大需求，围绕基础研究、关键共性技术攻关、新产品研发、工程化验证、产业化应用全产业链布局。

二是筹建一批锻造、热处理、先进连接等国家及地方创新中心，集中攻克数字化设计技术、高速高精加工技术、全数字化智能型数控系统、高性能功能部件以及机床可靠性、精度保持性等长期制约行业的瓶颈性难题；重点聚焦轻量化成形、异种材料成形、极限制造、净成形制造、整体制造、绿色制造等方向的先进制造工艺创新。

三是建设一批新产品示范应用基地。形成若干典型成套装备及生产线为基础的系统解决方案，推动传统产业转型升级，建立示范基地，推进创新成果推广应用。

4. 培育专精特企业

大力支持企业向专业化生产方向发展，继续支持骨干企业跨行业、跨地区、跨所有制的联合、兼并、重组，培育一批具有国际竞争力的科工贸一体化大型企业集团和"专精特"优势中小企业。重点支持"百强和分行业排头兵企业""千家重点骨干企业"做优做强，形成标杆示范效应。

培育一批具有核心竞争力的特色产业集群（园区）和基地。推进产业集群（园区）内的企业以产业特性进行联结，在企业之间实行专业分工和协作，引导产业集群（园区）内企业的专业化发展，防止企业间的低水平、同质化的恶性竞争。

二、企业层面

1. 构建新型标准体系

从国家层面上建立高效权威的标准化统筹协调机制。一是充实与完善高档数控机床标准体系，以成熟的与国际接轨的技术法规及技术标准做支撑。二是加强数控机床基础标准的制定。在产品设计和开发各阶段的指导性标准、产品制造过程的控制性标准、产品营销过程的战略性标准方面以及检测评价等监督产品质量的有效性标准方面，在机床行业的"四基"标准方面，在绿色环保低公害机床的标准及监督执行等方面，进行适用性标准的研究。三是对已有的高档数控机床标准体系中的标准做进一步的深入研究、试验和验证工作，努力提高标准技术含量，促进机床行业的技术进步和产业升级，提高产品的市场准入门槛，为产品产业化打好基础，提高标准的实施效果和提升质量的指导性作用。

2. 建设高水平人才队伍

一是企业要通过事业与机制吸引和留住人才。积极倡导企业文化建设，要让员工了解企业的发展远景和其个人在企业的发展前景，以企业的发展带动人才的发展，形成尊重人才、爱护人才、培养人才的正向和谐氛围，提高员工对企业的忠诚度和凝聚力。员工的价值体现是多方面的，为员工精心设计职业路径，把企业与个人的同步发展有机地融合在一起，让员工感受到工作的重要性，并且在企业的大舞台中能够提升自己并发挥重要作用；创新薪酬和激励机制，制定更加科学、更加切合实际并具有较强激励性的分配制度，让员工充分体会到自身的创造价值和经济价值；关心员工生活并及时解决员工遇到的困难，解除其后顾之忧，让其安心工作，体现出企业对员工价值的认可和重视；切实体现能者上、平者让、庸者下的公平、公正的干部任用原则，为员工提供更大的发展空间，可有效留住人才并保持企业强劲的竞争力。

二是企业努力用好人才，推进人才强企。企业发展人才为先，在以竞争为主旋律的市场经济中，企业间的竞争在日益加剧，要提升企业核心竞争力，用好人才是关键。大力实施人才强企战略，以人才领先推动技术领先，变人才优势为发展优势，为企业跨越发展提供强有力的人才保证和智力支撑，以企业的可持续发展为目标，以尊重人才、培养人才、用好人才为宗旨，逐步形成企业自主创新培育人才、人尽其才服务企业的双赢局面。

3. 加强企业内部管理，提高效率，降低成本

增加企业自有产品使用数量和利用率。管理是企业永恒的主题。应注重企业整体管理、完善公司治理结构、加强企业基础职能管理、理顺企业整体管理流程、加强企业文化建设、强化企业风险管理，最终实现中小企业管理的三重境界：规范化，标准化，信息化。

4. 充分试验产品的新功能、新工艺

要有相应的试验大纲和试验规范细则，降低产品开发风险，减少投资成本。空运转试验后发货前应做好保养，如更换润滑油、清洗过滤器、检查漏水漏油现象及螺栓是否松动等。

三、市场与技术层面

1. 强化质量监管

建立公平竞争信用体系，完善市场监管体制，增强知识产权保护意识，有效保护和激发企业的创新积极性，优化公平竞争的营商环境。

一是建立具有行业特色的质量管理体系和认证制度。利用互联网、大数据等新技术优势，建立横向纵向数据资源，精准助力企业提质增效。二是抓住"放管服"改革这一牛鼻子，加强政府职能转变。通过采信第三方评价、购买社会服务等方式实行间接管理，加强事中事后监管。

2. 以用户需求推动产品品质

深入了解用户工艺，重视售前服务，根据需求进行工艺研究和产品研发。

对保密性企业，用户引领产品发展；对一般性用户，产品引领用户改进工艺思路，提高生产效率和产品品质。另外还应加强 CAM 软件开发。

3. 加速制造模式转变

一是通过行业准入管理的产业政策引导，加强环保及淘汰落后产能政策的制定，推进地方相关产业发展配套政策实施，通过市场驱动，积极化解行业产能过剩矛盾，引导产能向优势产能集中，加快淘汰落后产能。

二是推进行业"两化融合"深度实施。实现信息技术的全面渗透、综合集成和深度融合。普及推广信息智能工具，推进仿真实验、平台集成、协同研发等新型工业研发模式的应用。推进企业管理信息系统的一体化运行和综合集成，实现生产管理的精细化和柔性化。加快关键生产设备的数字化和网络化，运用信息技术优化装备、设备功能，提高工装备信息化水平。利用信息技术改造传统工艺和生产流程，实现生产流程的自动化和智能化，提高生产效率和能源综合利用率，减少污染排放。鼓励企业深度开发利用工业信息资源，分行业建立专业知识库、数据库和信息库，发挥信息资源对行业和产业集群中小企业发展的指导和支撑作用。

三是加大先进节能环保技术、工艺和装备的应用，推进企业将绿色理念贯彻于生产全过程，降低物耗、能耗及废弃物产生量，走低碳化、循环化和集约化绿色发展道路。

4. 重视基础理论研究

注重高档数控机床与基础制造装备的结构设计、可靠性设计、夹具设计、软件开发等基础理论研究。当前机床装备领域可靠性设计有十几个规范，花费巨大，但实施、宣贯很难。产品可靠性与精度保持性低，将会给消费者、公司甚至国家造成巨大损失。

第六章　技术路线图

通过机床装备发展现状分析、自主化率评估及技术前沿热点追踪，梳理了重点用户领域对机床装备的新需求，并基于向全国32个省、直辖市、自治区和深圳、宁波等五个计划单列市经信委/工信厅发放的调研问卷，结合各领域专家反复深入研判，提出了阶段发展目标、重点发展方向及保障措施建议，在此基础上编制了"高档数控机床重点产业发展路线图"与"基础制造装备重点产业发展路线图"。

第一节　高档数控机床重点产业发展路线图

技术路线图（2020—2025）

阶段目标		2020	2025
产业规模		产业规模平稳增长，市场占有率有较大提升	高档数控机床与基础制造装备国内市场占有率超过80%
质量效益	市场竞争力显著增强	市场竞争力显著增强	
	产品质量与可靠性大幅度提升	汽车行业用机床用机床的精度保持性达到5年以上，平均无故障工作时间达到2000h	拥有若干具有国际竞争力和影响力的机床工具企业，形成一批国际知名品牌
产业结构		产业全面升级，形成具有自主创新能力的研究开发体系	国产数控系统和关键功能部件能够满足主机及自动车产线产套需求
持续发展		建设数控机床技术创新中心、增材制造创新中心等一批技术研发服务平台	
		突破产业短板技术和核心制约，掌握一批产业核心技术，部分高档数控机床实现产业化	
		行业共性技术支撑体系进一步完善，企业自主创新能力显著增强	

重点产品	
数控加工机床	重点发展数控车床车削中心和车铣（铣车）复合加工中心、高速/精密加工中心、五轴联动加工机床、数控超精密机床、精密超精密机床、数控特种加工机床等
数控成形机床	重点发展绿色铸锻工艺技术装备、大型板材成形工艺技术装备、精密锻造工艺技术装备、清洁高效热加工热处理与表面改性技术及装备、增材制造装备等
用户工艺整体解决方案	重点发展航空装备大型柔性构件、发动机关键零部件、高强轻质钣金结构件和汽车发动机、变速箱等关键零部件与船用柴油机及船用动力系统关键零部件制造的智能工艺整体解决方案

关键零部件		
数控系统	重点发展标准型数控系统和智能型数控系统
滚动功能部件	重点发展滚珠丝杠和直线导轨、滚珠螺母和消块、圆弧滚动导轨、行星滚珠丝杠，以及适用于加工汽车发动机、高温合金等新型高性能功能部件
刀架、刀库及换刀装置	重点发展嵌入式直驱部件、立式伺服回转刀架
精密回转工作台	重点发展回转工作台传动结构及消隙系统、转台关键零部件的加工与装配工艺、静态额刚性技术、高精度自动分度、转台动态特性的可靠性分析等关键技术
摆角铣头	重点发展摆角铣头、直驱摆角铣头，以及结构优化设计、性能分析测试与评价、制造工艺等关键技术
刀具及高速工具系统	重点发展超硬刀具、可换头刀具、高精铣刀、抗振刀具等，适用于钛合金、高温合金等材料的高效高质量及超硬材料刀具系列产品，高温合金等材料的高效高质量及超硬材料刀具系列产品

关键技术		
数字化设计技术	重点研究运动学模拟技术、刚度特性分析、动力学建筑、优化设计、数据库建设等
全数字控制和伺服驱动技术	重点研究数控系统开放式体系结构、智能型开放式数控系统、高精数控运动控制技术、高速高精度同服同驱动技术、远程监控和故障诊断技术、现场总线技术、制造数字化(TID)技术、全集成数字化软件平台等
自动测量和检测技术	重点研究数控机床在线自动检测、自动补偿技术、以及成机上测量、测量数据适时修正的全闭环加工、加工工系统适时反馈、在线测量软件、仪器分选设备、新型机床工具接口基准集成技术，航空航天领域关键零部件加工的在线自动测量及分选技术系统、汽车、汽车、航空航天主机推广应用
动态误差补偿技术	重点研究数控机床热误差、力误差等形成机理、动态精度的机理，以及动态精度机床保证技术、多轴联动机床精度保证技术、几何误差、热误差、动态误差的综合误差补偿技术、误差补偿模块和嵌入数控系统的软件、综合误差实时补偿技术、变形误差预测与补偿测、变形误差预测与补偿软硬件、综合误差集成技术等
可靠性设计与试验技术	重点研究覆盖全生命周期可靠性设计、力误差等全寿命周期可靠性设计、试验、评价技术、关键功能部件及主机可靠性量化指标匹配的可靠性评价方法等，数控系统平均无故障工作时间达到2000h，为数控机床主机平均无故障工作时间达到30000h、功能部件可靠性满足主机配套要求
多轴联动加工技术	重点研究多轴联动加工工艺、编程技术、评价方法、刀具参数优化、运动轨迹仿真、精度补偿、工艺优化关键技术等

保障措施			研发中心及示范应用				
法规及基础设施	人力资源及产业文化	金融和财税	国产高档数控装备在航空航天领域的综合应用验证与示范	汽车车身及关键零部件自动化生产线	"三机"制造示范工程	实施协同创新工程	加强产业技术创新中心建设

继续支持现有国家、行业、企业三个层次的机床技术研究开发资源，形成具有自主自创新能力的产业技术创新体系，新建数控机床技术创新中心等、增材制造创新中心等一批技术研发服务平台

加强与"3C"产品加工设备、医疗器械、制造性服务等新兴需求领域的协同创新，打造完整产业链

开发汽车发动机、航空发动机、重型燃气轮机关键件所需要的加工和成形成套装备，逐步替代进口，打破国外垄断封锁

研发汽车变速箱及桥壳的齿轮、壳体、轴类等汽车零部件加工所需数控机床及生产线等，超强钢、铝合金复合材料等轻量化覆盖件、结构件的冲压成形、高效连接、涂装生产线等，并形成示范应用，实现进口替代

面向航空产品制造的重大需求，在钛合金/铝合金大型结构件和异形复杂结构件加工中，开展面向产数控机床、数控系统、功能部件、刀具及共性技术等的综合应用验证与示范；针对飞机复杂大型铝合金框类零件的生产需求，开展国产五轴数控机床与国产数控系统等成套数字化生产线管控系统应用

针对航天产品复杂结构件制造国产化替代、研发钛合金及高温合金结构件数控加工五轴加工中心、运载火箭阀门密封结构成形数控机床、自动化总装与数字化测试集成设备等关键成套装备，示范应用国产数控装备开发关键结构件工艺设计系统、智能化生产管理系统等成套数字化生产线管控系统

围绕制约机床产业升级和影响产业国际竞争力的基础共性技术的研究与开发，对中、高档产品出口应给予更多的优惠政策，继续加大中央财政资金支持力度，并建立起长效的科技投入机制，鼓励企业使用国产数控机床

取消"04专项"支持研发的同类产品进口免税优惠政策，对使用用户高档机床的企业，采取鼓励措施，实行差别化税率

进一步加强工程技术人才的继续教育，依托国家、行业、企业技术中心，着力培养各细分行业的创新领军人才和创新团队

营造有利于工程技术人才发展的环境氛围，推动采购中高档国产机床，使行业主导机床的性能稳定性、质量可靠性、环境适应性、使用寿命等措施

建立起行之有效的机床质量研究和创新的新能力平台的共享作用，开放数字化设计平台、试验验证平台等机床产业共性技术研究以及共性技术创新服务平台，标达到国际同类产品先进水平

充分发挥共性技术研究和创新的新能力平台的共享作用，开放数字化设计平台、试验验证平台等机床产业共性技术研究以及共性技术创新服务平台，建立健全各种测试试验数据和产品数据库

支持主机企业、用户与高校和科研院所紧密合作的工艺和核心技术协同作用，充分发挥政府和行业协调作用，支持有条件的企业有序地"走出去"

以市场为导向，以企业为主体，充分发挥政府作用

131

第二节 基础制造装备重点产业发展路线图

阶段目标		2020	2025
	产业规模	基础制造装备国内市场占有率超过70%,初步改变大而不强的局面	基础制造装备国内市场占有率超过80%
	创新能力	我国基础制造装备自主创新能力得到有效提升	在精密成形制造技术,特大型构件成形制造技术,特种成形制造技术,数字化、网络化、智能化成形制造技术,以及绿色成形制造技术等领域提供一批世界一流的创新成果
	质量效益	我国成形制造技术与装备进入世界强国行列,能够满足我国重大技术装备、汽车、造船、航空航天、电子、工程机械等国民经济重要产业的需求	在设计能力、先进制造工艺技术水平、核心零部件自主化、核心工业软件等方面均取得重大突破,实现技术装备供给迈向中高端

战略需求	
	电子信息设备、节能与新能源汽车、农业机械装备、高附加值船舶等产业对量大面广、高效、高可靠性高端机床及基础制造装备的迫切需求
	军机跨代发展、民机快速发展、重型运载火箭、重大武器装备、载人航天与探月工程、高技术舰船等国家科技重大专项和重点工程对国产高端机床装备的迫切需求
	新材料、新技术的不断进步及战略新兴产业培育壮大对机床装备产业提出新的战略需求和转型挑战

重点产品		2020	2025
	航空航天装备大型结构件及微纳零件精密制造与装配装备	2吨级钛合金高效加工热氢处理装备;多维摩擦焊	10米级大型运载火箭原位焊接装备;10米级大型运载火箭燃料箱搅拌摩擦焊专用装备;整机结构承载和疲劳测试装备
	航空发动机制造关键装备	大尺寸高温合金单晶空心叶片精铸成套工艺装备;高温合金叶片、整体叶盘叶轮、涡轮盘、盘轴、机匣、传动轴、燃烧室部件等关键零部件加工设备;发动机涡轮盘/钛铝叶片智能锻压装备;整体钛电极挤压装备以及重载惯性摩擦焊、辗压成形、高温真空热处理、表面强化、激光微孔成形装备;狭窄工作面喷丸设备
	船舶及海洋工程装备关键制造装备	船舶及海工高强钢板单面焊双面成形(FCB)、曲面分段柔性支撑、高功率激光复合焊、多点压力成形等平面、曲面分段流水线关键装备;大型柴油机缸体、曲轴、齿轮、叶片、海工齿条等先进加工成形装备;海上风电大型桨距双作用水下液压打桩锤;水深超过1000m深海水下焊接修复及水液压驱动的深水作业装备;深海大型工作站大型钛合金高效制造装备及生产线
	汽车关键零部件加工成套装备与生产线	车身钢铝混合板材伺服冲压、轻量化异种材质混合车身、伺服冲压/模压成形、大型变截面梯度结构复合材料构件三维织造成形装备;高效连接(激光焊接、铆接、粘结)生产线;多种材料合成焊装、轻质材料车身焊装、环保节能型涂装等生产线	高效加工/近净成形装备及成组工艺生产线;高性能铝合金铸件挤压铸造成形生产线和真空反重力铸造成形成产线;多车型新能源汽车底盘结构件焊接生产线;新能源汽车机电耦合系统等高效加工、圆柱电芯锂电池包装(PACK)智能生产线;动力电池大规模智能制造成套装备

		2020	2025
重点产品	大容量电力装备及新能源制造装备	百万千瓦级核电主管道、壳体类等关键部件的电渣熔铸—锻造—挤压成形工艺与设备;汽轮机焊接转子制造成套装备;百万千瓦级水轮机转轮焊接成套装备;超高压输变电设备精密制造装备;数字化装配成套装备	
	轨道交通装备关键零部件成套加工装备	铝镁合金/不锈钢车体的高效激光/搅拌摩擦焊新型装备;30吨轴重重载电力机车核心零部件制造装备;120km/h以上移动式高速焊轨设备;时速350km/h以上列车用齿轮、轴承、轮对、转向架、制动系统等轻量化加工成形成套装备;辙叉加工生产线	
关键共性技术	铸锻焊及热处理过程数字化、绿色化、智能化技术	重点突破高精度、高效率的铸造缺陷定量化预测技术,气体辅助压力熔渗复合材料成形装备;多物理量、多尺度耦合模拟技术,伺服直接驱动的分散多动力技术,网络化焊接制造系统和云端信息互联互通技术等关键技术	
	大型复杂薄壁轻合金精密铸造成形技术	重点突破大型(尺寸2000mm以上)薄壁复杂铝、镁合金铸件铸造成形技术,铝基和镁基复合材料的高效铸造成形技术,大容量钛合金真空自耗凝壳熔铸炉及熔铸技术,特种钛合金铸件的金属型铸造和压力铸造技术,燃气轮和叶片定向凝固技术等关键技术	
	极限尺寸金属件性精确调控精密塑性成形技术	重点突破轻金属冷温精确塑性成形技术,黑色金属冷温精确塑性成形技术,冷温精确塑性成形模具技术,冷温锻生产线自动化技术等关键技术	

		2020	2025
关键共性技术	轻量化及异种材料智能化绿色焊接及绿色改性技术	重点突破电子束偏转技术,多束流电子束焊接技术,超窄间隙激光焊接技术,强物理场材料组织调控技术,超短脉冲激光技术,高性能电子枪和电源与聚焦、扫描系统,化学热处理后表层改性和表层改性后电镀等复合处理技术,高能深层改性技术等关键技术	
	大型变截面梯度结构复合材料构件三维织造成形技术	重点突破高性能纤维多轴向经编技术、高效多功能的基体材料等纺织结构柔性复合材料技术等关键技术,建立多相材料的界面性能数据库	
保障措施	发挥新型举国体制优势	坚持国家战略,继续发挥新型举国体制优势,对国家实验室、国家技术创新中心,实施国家投入为主、承担单位投入为辅的支持方式,实现对人、财、物及项目的全面支持,体现国家意志;对产品开发与应用项目,实行"国家引导、市场调节、企业主体"的支持方式,体现市场竞争机制	
	建设国家制造技术研究院	加快建设国家制造技术研究院,推进基础制造共性技术短板攻关,加速原创性及颠覆性制造技术研发	
	推进军民融合加速创新突破与产业化应用	推进军民融合加速创新突破与产业化应用,加强与国家重大专项、重大工程的高端机床与基础装备需求衔接,布局重点攻关任务;加强与各类科技计划的有效衔接、协同攻关,加快实现"卡脖子"、短板技术与装备的创新突破